Otto Keller

Die Entdeckung Ilions zu Hissarlik

Otto Keller

Die Entdeckung Ilions zu Hissarlik

ISBN/EAN: 9783744643177

Hergestellt in Europa, USA, Kanada, Australien, Japan

Cover: Foto ©ninafisch / pixelio.de

Weitere Bücher finden Sie auf **www.hansebooks.com**

Die

Entdeckung Ilions

zu Hissarlik.

Von

OTTO KELLER.

Freiburg i. B.

R. BADER & Co.

1875.

Den Freiherren

ARMAND und THEODOR von DUMREICHER

zur freundlichen Erinnerung

an unsre gemeinsame Reise

zugeeignet.

Es war ein wundervoller Frühlingsmorgen [1]); wir sassen, schauten und lustwandelten auf dem Deck eines riesigen Lloyddampfers, der uns von Smyrna nordwärts nach dem heiligen Lande der griechischen Sage, nach der troischen Landschaft, bringen wollte. Die sternklare Nacht hatte uns an einem grossen Theile des langgedehnten Lesbos vorübergeführt. Hinter uns lag schon der höchste Berg der Insel, der hochragende kahle Marmorfels Olympos [2]), den der neue griechische Glaube, wie gewöhnlich alle höchsten Berge, dem Propheten Elias geweiht hat, aus einer gewissen kindlichen Rücksicht für den grossen Propheten, dem das Volk seine Feuerfahrt etwas erleichtern wollte, indem es ihn in möglichst grosser Nähe am Himmel den Wagen schon besteigen liess. Rechts im Hintergrund einer azurblauen Meeresbucht, auf dem Festlande von Asien, stand ein schneebedecktes Gebirge im Glanze der Sonne Homers: der Ida. Also schon war es das troische Land das uns zur Rechten begleitete. Aber noch waren wir weit entfernt vom Platz unserer Bestimmung; wenn der Ida mit seinen Ausläufern die erste und südöstliche Gränzmark des troischen Ufers ist, so war unser Ziel dagegen der nördliche Endpunkt von Troas, Tschanakkalessi, die Stadt der Dardanellen-Schlösser.

---

[1]) 18. April 1874. Meine Reisegefährten waren die Freiherren Armand und Theodor von Dumreicher, Graf Karl Lanckoronski und Professor Dr. Wilhelm Hartel aus Wien.

[2]) Conze, Reise auf der Insel Lesbos. S. 48.

Langsam schien es, und doch rasch dampften wir heraus
aus dem Sunde, der in der ganzen langen Ausdehnung von
Lesbos zwischen dieser Insel und dem asiatischen Ufer sich
hinstreckt: links die lesbische Stadt Methymna, wo jetzt noch
malerische Mauern und Thürme aus der Genueserzeit herüber-
winken, rechts das südlichste Vorgebirge von Troas, das in
einem scharfen Winkel steil ins Meer hinausspringt. Dann
gieng's schnurgerade nördlich, hart an der eigentlich classischen
Küste des Homerischen Landes hin; da lag Alexandreia Troas,
in der Türkensprache Eski-stambul, d. h. Alt-Konstantinopel[1])
— eine riesige, nun in Trümmer gesunkene Grossstadt, wo
noch eine Menge Säulen, Aquäducte und Palast-Ruinen von der
verschwundenen Pracht und Herrlichkeit Zeugnis ablegen —
und dahinter wieder der Ida; dann eine ganze Reihe der kolos-
salsten Grabhügel[2]). Wahrlich, da mochte wohl mancher der

---

[1]) Stambul ist nicht : - εἰς τὴν πόλιν, wie man gewöhnlich erklärt,
sondern = [Con]stantinopolis vgl. Mendere [Ska]mandros.

[2]) Manche der riesigen Grabhügel sind geöffnet worden und sie
haben sich im allgemeinen als vorhomerisch ausgewiesen, bilden somit
Parallelen zu der vorhomerischen Alterthümerschichte in Hissarlik. In
dem Grabhügel der gefallenen Trojaner liess H. Calvert, als wir ihn auf
seiner Farm Tschiflik besuchten, uns zu lieb eine kleine Ausgrabung
vornehmen und wir fanden u. a. eine Pfeilspitze aus Feuerstein und ganz
ähnlich geformte Steine, wie sie bei Lubbock, prehistoric times, 3. edit.
p. 161, aus einem uralten Grabhügel in Wiltshire gezeichnet sind. Lubbock
datirt den englischen Grabhügel noch in die Steinperiode. Ob wir eine
wirkliche Pfeilspitze oder einen „Feuersteinspan" gefunden haben, kann ich
nicht ganz bestimmt versichern: die Analogie mit den nordischen Grabhügeln
lässt eher an Feuersteinspäne glauben. Das fragliche Object hat damals
mein Freund, Baron Theodor von Dumreicher, zu sich genommen. Auch
ich habe einen Feuerstein von 0,045 M. Länge, 0,028 M. grösster Breite
und 0,005 grösster Dicke aus diesem Tumulus mitgebracht. Diess ist
der Grabhügel Tschanai-tepe, von dem auch Schliemann angibt, dass
man (vor unserm Besuch) steinerne Werkzeuge in ihm gefunden habe
(Schliemann, trojanische Alterthümer, S. 23). — Auch der bei Hissarlik
befindliche Riesengrabhügel Pascha-tepe, von Schliemann für den Grabhügel der Batieia gehalten, wurde geöffnet. Die darin gefundenen rohen
Thongefässe sollen denen von 8—10 Met. Tiefe zu Hissarlik entsprechen
(Schliemann, trojan. Alterthümer, S. 269). Das gleiche fand man in

vorbeisegelnden Griechen mit Staunen und Verehrung der alten
Recken gedenken, die unter diesen Grabbergen schlummerten,

einem Grabhügel bei Bunarbaschi: einige Scherben roher Thongefässe
zwischen den künstlich geschichteten Steinlagen (v. Hahn, Ausgrabungen,
S. 6). Den weitaus grössten von allen Grabhügeln, somit ohne Zweifel
das Grabmal eines Königs — denn die Errichtung von riesigen Grabhügeln für ihre Könige war notorisch eine lydisch-phrygische Sitte — ist
der Udschek-tepe. Er ist leider noch nicht untersucht worden: ich selber
habe H. Calvert aufgefordert, Schritte in dieser Richtung zu thun. Die
griechischen Bauern glauben, der Prophet Elias liege darin begraben
(Schliemann, Ithaka, der Peloponnes und Troja, S. 204); ebenso falsch
ist die Ansicht der an Bunarbaschi-Ilion Glaubenden, wornach es der bei
Homer erwähnte Grabhügel des Aisyetes sei. Er hat 25 Meter Höhe
und 130 Meter Grundflächendurchmesser (Schliemann, a. a. O. S. 194).
Eine besondere Eigenthümlichkeit zeigen die Grabhügel des Achilleus
und Aias, vielleicht in Folge der Verehrung, welche sich an diese vor-
geblichen Heroengräber geknüpft hat. Der Inhalt derselben will nemlich
mit dem hohen Alterthum wenig stimmen, welches durch übereinstimmende
Funde für die übrigen Grabhügel erwiesen ist. In dem Grabhügel des
Achilleus bei Sigeion hat ein Jude, welchen Choiseul mit seiner Ausgrabung beauftragte, wahrscheinlich betrügerischerweise eine Darstellung
der Kybele aus Bronze und zwei Lekythoi mit bunten Figuren auf
weissem Grund, wie sie in Attika vorkommen, gefunden (Dubois, cata-
logue d'antiquités de feu M. de Choiseul Gouffier, S. 139; v. Hahn, Ausgrabungen auf der Homerischen Pergamos, S. 35; Jahn, Vasensammlung
König Ludwigs, S. XXVII). Man vermuthet, jener Jude habe die Fundstücke aus Konstantinopel mitgebracht; durchaus unmöglich ist es übrigens
nicht, dass noch in späterer Zeit Gegenstände in den alten Grabhügel gelegt
wurden. Es ist wenigstens bei den nordischen Grabhügeln sicher erwiesen,
dass bisweilen Menschen der Bronzezeit nachträglich in solchen Grabhügeln
bestattet wurden, welche ursprünglich aus der Steinzeit stammen, so dass
Menschenreste und Beigaben aus ganz verschiedenen Culturperioden und
vielleicht aus verschiedenen Jahrtausenden neben- und durcheinander in
einem und demselben Tumulus liegen. Und beim Achilleion könnte
möglicherweise der dabei gepflegte Cultus Veranlassung gewesen sein,
dass noch in späterer Zeit Votivgaben in den Grabhügel Einlass fanden.
Dem Achilleion gegenüber erhebt sich das Vorgebirg Rhoiteion mit dem
In-tepe = Aian-tepe oder Aiashügel: natürlich wieder nur eine legen-
darische Bezeichnung und schwerlich die älteste; denn früher galt der
Riesenhügel ohne Zweifel für das Grab des Giganten Rhoitos (über
welchen zu vgl. Apollodor, biblioth. I 6, 2, 2): auch die Vulkane galten
als Gigantengräber. Erst später erhielt er den Namen und die Ver-

wie es schon in der Odyssee (XXIV, 80—84) vom Hügel des
Achilleus bei Sigeion heisst:

„Ueber ihm dann ein grosses bewundernswürdiges Grabmal
Häuften wir heiliges Heer der Danaer, fertig im Speerwurf,
Am vorspringenden Strande des breiten Hellespontos :
Dass es fern sichtbar aus der Meerflut wäre den Männern,
Allen, die jetzt mitleben und die sein werden in Zukunft."
So lag zur Rechten die ganze troische Uferstrecke gleich
einer Reliefkarte vor uns gebreitet. Und was zeigte sich links?
Da stieg eine Insel um die andere aus der spiegelglatten blauen
See. Zunächst vor uns Tenedos; dahinter Lemnos, des Hephästos
Werkstatt, wo in der Heroenzeit der griechische Vesuv, genannt
Mosychlos, sein Feuer spie; dann Imbros, und dahinter ein
grosses gebirgiges Eiland, das mit feinen, zackigen Contouren
vom Horizont sich abhebt: Samothrake, jene Insel frommer
Priester, wo in rohbarbarischer Zeit dem entsetzlichen Recht
der Blutrache durch ein hochheiliges Asyl gesteuert ward;
doch nicht jeder blutige Frevler durfte Rettung hoffen, denn
Gericht wurde gehalten, und wer boshaft böses gethan, wurde
verflucht und ausgewiesen. Und was sind jene zwei einzelnen
gewaltigen Berge, so fern und in der transparenten Südluft doch

chrung als Aiasgrab, weil er bei dem traditionellen Lagerplatz des
Homerischen Aias sich befand und weil er dem angeblichen Achilleus-
grab bei Sigeion — wo höchstwahrscheinlich zuerst der Heroencultus
für den Haupthelden der troischen Sage sich festsetzte — correspondirte.
„Dieser 600 Meter vom Ufer liegende Grabhügel ist aus Erde aufgeworfen.
Man hat ihn geöffnet und in seinem untern Theile einen langen, 1,17 M.
hohen und ebenso breiten gewölbten Gang aus Ziegelsteinen entdeckt;
im obern Theile sieht man zwei Mauern, Reste eines kleinen, runden
Tempels von 3 Meter 34 Centimeter im Durchmesser. Nach Strabo XIII,
p. 595 enthielt dieser Tempel eine Statue des Aias, welche M. Antonius
wegnahm und der Kleopatra schenkte, Augustus gab sie den Rhoiteiern
wieder zurück. Das Mauerwerk ist augenscheinlich römisch. Wir lesen
auch wirklich bei Philostratos heroika I, dass dieser kleine Tempel von
Hadrian wiederhergestellt worden ist." (Schliemann, Ithaka, der Peloponnes und Troja, S. 195). Dass der Tempel in dem Grabhügel sich
befand, geht übrigens aus Strabos Worten nicht hervor. — Ein Grabhügel wurde erst in der römischen Kaiserzeit errichtet, von Caracalla zu
Ehren seines Freundes Festus.

so nah, die im Hintergrunde des Meeres ihre Nacken erheben? Der zur Linken im Schnee- und Sonnenglanze zugleich herleuchtend: es ist der Olympos, der „leuchtende", wie sein äolischer Name besagt [1]), die Götterburg, wo Zeus und Here ihres olympischen Hofhalts pflagen. Und der andere, jener massige Koloss, der wie ein plumpes Meerungethüm riesenhoch aus den Wogen emportaucht: es ist der Athos — heilige Inseln, heilige Berge, Wohnsitze der Götter; rechts das Land des gewaltigsten, rührendsten Epos aller Zeiten und Völker, der Ilias: wie hätte ein philologisches Herz nicht schwärmen und träumen sollen in solcher Stunde des Lebens!

Wir bogen um die nordwestliche Ecke des troischen Landes, vorbei am sigeischen Vorgebirge mit den Grabhügeln des Achilleus und Patroklos. Jetzt durchschneidet das Schiff die Stelle wo Agamemnons grosse Flotte einst der Sage nach gelandet, wo das Blachfeld der Homerischen Schlachten sich dehnt; innen im Lande, nur eine starke Stunde vom Ufer, ragt der halbhohe Bergrücken von Hissarlik, wo nach dem Glauben der Alten die heilige Ilios stand, wo Schliemann seine Schätze gehoben. Dann gieng's vorbei am zweiten Vorgebirge, am Rhoiteion, wo des Aias Riesengrab sich thürmt und sein Lagerplatz gewesen war.

So fuhren wir begeisterten Sinnes einwärts in die Dardanellen, und schneller als wir dachten war der Hafen von Tschanakkalessi erreicht, und der andere Morgen sah uns bereits auf unserem romantischen Ritt nach den Hauptpunkten des troischen Landes. Unser erstes Ziel war Hissarlik, und wir mussten also die ganze Strecke, um welche wir Tags zuvor über jenen Lagerplatz der Achäer hinausgeführt worden waren, in umgekehrter Richtung zu Lande wieder durchmessen. Anfangs führt der Weg in der Ebene längs dem Strande hin, der auf weite Strecken mit Millionen brauner Seetang-Halme überschüttet war; dann bergauf bergab mehr einwärts im Lande, bald auf antiken gepflasterten Strassen, bald auf gefährlich ab-

---

[1]) Curtius, Grundzüge der griechischen Etymologie, 4. Aufl. S. 266.

schüssigem Felsensteig, immer fast mit prächtiger Aussicht: vorn
auf die Cape Rhoiteion und Sigeion und ihre grün übersponnenen Grab-Pyramiden, links auf die troische Ebene und das
idäische Gebirge mit seinen Fichten- und Eichen-Forsten und
der schneeigen Kuppe des Gargara; rechts unter uns der gewaltige Meeresstrom der Dardanellen, schimmernder noch als
das Blau des Himmels, hinter ihnen die heimatliche Erde, das
lang' entbehrte Europa.

Wir kommen nach Erenkiö, dem grössten Dorf der Gegend;
jetzt wendet sich der Weg vom Ufer ab, links ins Land hinein,
ein ärmlicher Weg; indessen, dank Schliemann, existirt doch
überhaupt ein Weg. Schon sieht man in nicht weiter Ferne
den Platz der Schliemann'schen Pergamos [1]). Nun geht's quer
durch einen schilf- und schildkrötenreichen Bach: es ist der
Simocis Homers, heute Dumbrek genannt, dessen früheres Bett
jetzt durch Sümpfe bezeichnet ist: zu Homers Zeit mündete er ganz
in der Nähe von Ilion in den bedeutendsten Fluss der troischen
Landschaft, den Skamander oder gelben Strom [2]). Noch gilt's

[1]) Die Burg des Homerischen Troja hiess τὸ Πέργαμον, seltener
ἡ Πέργαμος bei Homer, nachhomerisch auch τὰ Πέργαμα. Auf dieser
Burg denkt sich Homer die Tempel und den Palast des Priamos. Der
älteste Name der Stadt Troja war ἡ Ϝίλιος mit Digamma, vgl. z. B. in
dem besonders wichtigen XX. Buch der Ilias V. 216: ἐπεὶ οὔπω Ϝίλιος
ἱρή etc.; später (erst nach Homer, behauptete Aristarch, Stephan. Byz.
s. v. Ἴλιον) kam die Neutralform auf. Τροίη bezeichnet eigentlich bloss
die zur Stadt und Herrschaft von Ilios gehörige Landschaft: ἡ Τροίη
scil. γῆ.

[2]) Dass der jetzige Bach Dumbrek, zusammengenommen mit dem
unteren Lauf des Asmak, nichts anderes ist als der Homerische Simocis,
hat neulich wieder v. Eckenbrecher, Lage des Homerischen Troja, S. 5 f.
u. S. 9 nachgewiesen. Auch Stark (Reisestudien S. 152) ist dieser Ansicht. Andere haben fälschlich den Simocis bei Bunarbaschi gesucht
(z. B. v. Hahn, Ausgrabungen, S. 6). Ja sogar die Identität von Skamander und Mendere ist bestritten worden, während doch schon die
Namensformen deutlich für ihre Identität sprechen; denn Mendere ist
nur eine geringe Veränderung von Skamander: die Verstümmelung ist
gerade in dieser Weise vor sich gegangen unter offenbarem Einfluss des
grossen Stromes Mendere ⁼ Maeander, der den von Ikonium her vor-

einen Ritt von einigen hundert Schritten, entlang dem Bergrücken, wo das ausgedehnte römisch-griechische Ilion einst stand;
rechts weidet auf der Wiese eine zahllose Heerde von Rindvieh,
Schafen und Pferden; dazu im sumpfigen Thal die unvermeidlichen
Störche. Jetzt stehen wir vor Hissarlik, jetzt auf Hissarlik,
auf Troja! Das ist nun freilich ein etwas kühner Satz; doch
wollen wir's versuchen, ihn zu beweisen. Also der Platz von
Hissarlik stimmt erstlich überein mit der Homerischen Tradition;

dringenden Türken bereits sehr bekannt war, als sie in die Konstantinopel benachbarte troische Landschaft kamen und hier einen ähnlich
klingenden Namen für den Hauptfluss der Gegend vorfanden. Der
Skamander-Mendere war, ist und bleibt der ausgesprochene Hauptfluss der ganzen Gegend, daher tritt er auch mit vollstem Recht in der
Ilias hauptsächlich hervor. Den Simoeis erwähnt Homer nur siebenmal,
und zwar ohne ihm ein besonderes Epitheton beizulegen. Der Simoeis wird
zwar XXI, 307 ff. vom Skamander als Bruder angerufen im Kampf, um
Troja zu schützen. Der Hauptfluss aber, eigentlich der einzige „Fluss"
der troischen Ebene, ist der Skamander-Mendere. Desswegen nannte
Hektor sein Söhnlein Skamandrios, Il. VI, 402, und es gab nach der
Dichtung einen eigenen Priester des Skamandros in Troja. Auch die
ganze Beschreibung des Skamander bei Homer als tiefflutend ($\beta\alpha\vartheta\acute{v}\varrho\varrho oo\varsigma$),
gross ($\mu\acute{\epsilon}\gamma\alpha\varsigma$) und mit tiefen und silberweissen Wirbeln ($\beta\alpha\vartheta\nu\delta\acute{\iota}\nu\eta\varsigma$, $\dot{\alpha}\varrho\gamma\nu$-
$\varrho o\delta\acute{\iota}\nu\eta\varsigma$) passt noch heute vortrefflich auf den Mendere, falls man nur
nicht gerade im Hochsommer oder Herbst ihn besucht, und ebenso trifft
die gelbe Farbe auf ihn zu. Zwei breite Streifen hellgelben Sandes
notirt v. Hahn, Ausgrabungen, S. 26, „sein Wasser ist im Sommer wie
im Winter von hellgelber Farbe", sagt v. Eckenbrecher, Lage des Homer·
Troja, S. 4; auch wir sahen den Fluss gelblich — und wegen dieser
gelblichen Farbe seines Sandes und Wassers gaben dem Fluss nach
Il. XX, 74 die Götter den Namen Xanthos, d. h. er wurde in alten Ge-
beten und heiligen Gesängen als „gelber Strom" angerufen. Seine Ufer
sind besetzt mit üppiger Vegetation von Weiden, Tamarisken, Lotos,
Binsen und Cypergras, ganz wie in der Ilias, XXI, 350—352, erzählt ist:

$\qquad$ $\varkappa\alpha\acute{\iota}o\nu\tau o$ $\pi\tau\epsilon\lambda\acute{\epsilon}\alpha\iota$ $\tau\epsilon$ $\varkappa\alpha\grave{\iota}$ $\acute{\iota}\tau\acute{\epsilon}\alpha\iota$ $\mathring{\eta}\delta\grave{\epsilon}$ $\mu\nu\varrho\~\iota\varkappa\alpha\iota$,
$\qquad$ $\varkappa\alpha\acute{\iota}\epsilon\tau o$ $\delta\grave{\epsilon}$ $\lambda\omega\tau\acute{o}\varsigma$ $\tau\epsilon$ $\imath\delta\grave{\epsilon}$ $\vartheta\varrho\acute{v}o\nu$ $\mathring{\eta}\delta\grave{\epsilon}$ $\varkappa\acute{v}\pi\epsilon\iota\varrho o\nu$,
$\qquad$ $\tau\grave{\alpha}$ $\pi\epsilon\varrho\grave{\iota}$ $\varkappa\alpha\lambda\grave{\alpha}$ $\varrho\acute{\epsilon}\epsilon\vartheta\varrho\alpha$ $\acute{\alpha}\lambda\iota\varsigma$ $\pi o\tau\alpha\mu o\~\iota o$ $\pi\epsilon\varphi\acute{v}\varkappa\epsilon\iota$.

Vgl. auch Eckenbrecher a. a. O. S. 4, 10, 16, 17, 18. Die Identität von
Skamander und Mendere behaupten Welcker, Ulrichs, v. Eckenbrecher,
v. Hahn, Bröndsted, Stark, Schliemann u. a. Lechevalier, Forchhammer
und Hasper, Beiträge zur Topographie der Homerischen Ilias, Branden-
burg 1867, halten Mendere und Simoeis für identisch.

auch dieser Satz wird manchem etwas kühn erscheinen, allein man muss unterscheiden: divide et impera! Was sind die Gesänge Homers? Sind alle eines einzigen Mannes Werk? Die wissenschaftliche Kritik antwortet mit Nein. Die Ilias gleicht einem Hause, das, nach einem beschränkteren Plan erbaut, in der Folge durch allerlei Zubauten sich erweitert hat. Fremde, aber gleichartige, Lieder fügten sich ein, wie in ganz derselben Art die Romanzen des Mittelalters zu wachsen pflegten[1]). Manchem Stück kann man sogar seinen Ursprung noch ansehen; so ist das seltsame zweite Buch der Ilias, das Verzeichnis der griechischen Schiffe, ohne Zweifel auf der meerbeherrschenden Insel Rhodos entstanden, daher auch Rhodos unter den sieben Städten war, die um die Heimat Homers sich stritten[2]). Unter

[1]) Fauriel, sur les romans chevaleresques, leçon cinquième, revue des deux mondes, vol. XIII, S. 707: „ C'est un phénomène remarquable dans l'histoire de la poésie épique, que cette disposition, cette tendance constante du goût populaire à amalgamer, à lier en une seule et même composition le plus possible des compositions diverses, — cette disposition persiste chez un peuple, tant que la poésie conserve un reste de vie; tant qu'elle s'y transmet par la tradition et qu'elle y circule à l'aide du chant ou des récitations publiques. Elle cesse partout où la poésie est une fois fixée dans les livres, et n'agit plus que par la lecture, — cette dernière époque est, pour ainsi dire, celle de la propriété poétique, — celle où chaque poète prétend à une existence, à une gloire personelles; et où la poésie cesse d'être une espèce de trésor commun dont le peuple jouit et dispose à sa manière, sans s'inquiéter des individus qui le lui ont fait." Fauriel glaubt auch, dass der Schah Nameh des Firdusi eine Vermengung ursprünglich getrennter epischer Gedichte war, und das gleiche hält er für wahrscheinlich beim Mahàbhàrata, a. a. O. S. 708.
[2]) Wenn auch frühere Partien von dem rhodischen Sänger benützt worden sein mögen, so ist doch andrerseits die Existenz eines rhodischen Homeriden und seine Einwirkung auf die heutige Form des II. Buchs der Ilias nicht zu verkennen. „Hieher gehört die ausführliche Schilderung der rhodischen Kriegsmacht (V. 653—70) . . . Die Erwähnung der Insel Rhodos ist überhaupt auffallend, da die alte Sage, wie leicht begreiflich, von dem Antheil der dorischen Colonien auf der Westküste Kleinasiens am troischen Kriege nichts weiss. Wenn nun hier mit unverkennbarer Absichtlichkeit die Blüte der Insel Rhodos und ihr Held, der Heraklide Tlepolemos, gepriesen wird, der in der Ilias nur ein ein-

allen Büchern Homers nun verräth keines so nahe Beziehungen
des Urhebers zur troischen Landschaft, kein einziges so viel
Kenntnis der Tradition und Vorgeschichte dieses Landes, als
das zwanzigste der Ilias. Im Gegensatze hiezu macht das
Gros der Ilias, was man gewöhnlich die echte Ilias nennt,
der Gesang vom Zorn des Achilleus und von der Rache an
Hektor, diese echte Ilias — deren Homer wohl ein Smyrnäer
war [1]) — vielfach und gerade in den erhabensten, grossartigsten

zigesmal in einer Episode des fünften Buches vorkommt, [die offenbar
vom gleichen Dichter herrührt,] so müssen ganz besondere Gründe diese
Auszeichnung der dorischen Insel in dem jonischen Epos veranlasst
haben. Es war offenbar die Blüte der rhodischen Seemacht, die jener
Dichter im Sinn hatte: Die kühnen Handelsleute und Seefahrer von
Rhodos, welche Rhode an der iberischen Küste gründeten, die balearischen
Inseln besetzten und auf italischem Boden Parthenope, Salpiae und
Sybaris inne hatten, waren wohl einer solchen Auszeichnung würdig.
Der Höhepunkt der rhodischen Seemacht fällt aber in die Jahre 928 bis
905 oder auch etwas später: nemlich 256 Jahre (wenn wir die Summen
der vorausgehenden drei Thalassokratien zusammenrechnen) nach Trojas
Fall 1184, nach einer andern Angabe wird aber den Rhodiern die fünfte
Stelle angewiesen, was also auf eine etwas jüngere Zeit hinführen würde."
Bergk, griechische Literaturgeschichte I, 559, 560. Auch was über
Nireus von Syme und die mit Rhodos zeitweilig verbündeten Koer und
die benachbarten Inselbewohner erzählt wird, ist wohl dem rhodischen
Dichter zuzuschreiben. Für Rhodos als Aufenthaltsort eines hervor-
ragenden Homeriden spricht auch der Antheil, den die Insel in dem
Streite um die Heimat Homers genommen hat. Dass der Dichter des
Schiffskatalogs — doch wohl eines grossen Theiles desselben — Rhodos
vom Augenschein kannte, lässt sich aus dem treffenden Beiwort schliessen,
welches er V. 656 der Stadt Kameiros gibt: ἀργινόεις, was ihre Lage
auf weissen Kreidefelsen bezeichnet. „Diess stimmt ganz mit der natürlichen Beschaffenheit des Ortes überein; denn der Theil des Vorgebirgs,
auf dem wir die kyklopischen Mauern fanden, besteht aus den reinsten
und weissesten Kreidekalklagern, die ich noch geschen." Hamilton,
Reise in Kleinasien II, 58 (Uebersetzung).
[1]) Bergk, griech. Literaturgeschichte I. 454 f. „Chios, obwohl es
vorzugsweise und mit bestem Erfolge den grossen Dichter sich zueignete,
liess sich an dem Ruhm genügen, dass Homer auf der Insel gelebt und
gedichtet habe. (Vgl. S. 468, wo Homers Vorliebe für Hektor sehr hübsch in
Zusammenhang gebracht wird mit dem heldenhaften König Hektor von Chios.)

Partien den Eindruck, als ob ihr Sänger sich nicht die Mühe genommen, den Schauplatz seiner herrlichen Lieder an Ort und Stelle zu studieren [1]). Wie ja sogar in unserem reisefertigen Jahrhundert unser grosser Schiller, der Dichter des Tell, jene reizende Gegend niemals gesehen hat, wo die Sage vom Tell spielt. So haben auch im allgemeinen die Sänger der Ilias und speciell der Erfinder des gewaltigen XXII. Buches offenbar

So bleibt nur Smyrna übrig; dass Smyrna selbst sich allezeit rühmte, die eigentliche Vaterstadt Homers zu sein, will natürlich nicht viel bedeuten; allein desto entscheidender ist die Thatsache, dass ungeachtet der Rivalität der verschiedenen Orte doch Smyrna ganz allgemein direct oder indirect als die echte Heimat des Dichters anerkannt wird... Dass aber gerade Smyrnas Anspruch neidlos von den Andern anerkannt wird, hat ganz besondere Bedeutung; denn Smyrna ist in der Zeit, wo das Studium der Homerischen Poesie am eifrigsten betrieben wurde, wo der Wetteifer der einzelnen Städte am lebhaftesten war, gar nicht mehr vorhanden. Ungefähr um die 45. Olympiade ward es von den Lydern zerstört, der Rest der alten Bewohner siedelte sich in den kleinen Nachbarorten an, da ihnen nicht gestattet wurde, ein neues selbständiges Gemeinwesen zu errichten. Volle 300 Jahre blieb Smyrna in diesem Zustand, indem es erst in der Diadochenzeit von Lysimachos wiederhergestellt wurde. Während in diesem langen Zeitraum die andern, meist blühende und mächtige Städte, alle Mittel besassen, um ihr wirkliches oder vermeintliches Anrecht geltend zu machen, vermochte Smyrna nichts für sich zu thun; nur eine wohlbeglaubigte Tradition konnte in dieser Weise respectirt werden." Dass sich Homer, obgleich er Smyrnäer war, doch gerne und länger in Chios aufhielt, ist sehr wohl denkbar. Mit raschruderndem Boot kann die nahe vor der Bucht liegende Insel leicht und in kurzer Zeit von Smyrna aus erreicht werden; und ihrer natürlichen Reize wegen wird sie noch heute vielfach als Sommerfrische benützt, wie ich z. B. in Tschanakkalessi gehört habe; auch der unübertroffene Chierwein mochte keine unangenehme Beigabe sein: „laudibus arguitur vini vinosus Homerus" sagt Horaz, dem Chia vina et Lesbia aus Erfahrung bekannt waren (epod. 9).

[1]) Daher Dunkelheiten und Widersprüche in topographischer Beziehung, wesshalb schon Strabo XIII. p. 581 klagt, dass Homer so unklar sei und das meiste errathen lasse: "Ὅμηρος εἰχάζειν περὶ τῶν πλείστων παρέχων. Zusammenstellung einiger Widersprüche bei Christ, die Topographie der trojanischen Ebene und die homerische Frage, aus den Sitzungsberichten der philosophisch-philologischen Classe der Münchner Akademie der Wissenschaften, 1874, S. 221f.

den troischen Boden nicht studiert — jenes XXII. Buches, wo
erzählt ist, wie Achill mit Hektor den letzten entscheidenden
Wettlauf um die Mauern Ilions hielt, wie er ihm nachrannte dreimal rings um die Stadt, um ihn endlich hinzuschlachten als
Sühnopfer für des Patroklos Manen [1]).

„Ares gleich war Achill, dem helmerschütternden Kriegsgott,
Welchem der eschene Speer auf der rechten Schulter entsetzlich
Bebete; aber das Erz umleuchtet' ihn, ähnlich dem Schimmer
Lodernder Feuersbrunst und der hell aufgehenden Sonne.
Hektor, sobald er ihn sah, erzitterte, nicht auch vermocht' er
Dort zu bestehn, und er wandte vom Thore sich, ängstlich entfliehend.
Hinter ihm flog der Pelide, den hurtigen Füssen vertrauend.
So wie ein Falk des Gebirgs, der behendeste sämmtlicher Vögel,
Leicht mit gewaltigem Schwung nachstürmt der schüchternen Taube;
Seitwärts entschlüpfet sie oft; doch nah' mit hellem Getön ihr
Schiesset er häufig daher, voll heisser Begier zu erhaschen:
So drang jener im Flug gradan; doch es flüchtete Hektor
Längs der troischen Mauer, die hurtigen Beine bewegend.
Beid' an der Warte vorbei und dem windigen Feigenhügel,
Immer hinweg von der Mauer, entflogen sie über den Fahrweg.
Und sie erreichten die zwei schön sprudelnden Quellen, woher sich
Beide Bäche ergiessen des wirbelvollen Skamanders.
Eine rinnet beständig mit warmen Fluten, und ringsum
Wallt aufsteigender Dampf, wie der Rauch des brennenden Feuers;
Aber die andere fliesst im Sommer auch kalt wie der Hagel,
Oder des Winters Schnee und gefrorene Schollen des Eises.
Dort sind nahe den Quellen geräumige Gruben der Wäsche,
Schön aus Steine gehaun, wo die stattlichen Feiergewande
Trojas Weiber vordem und liebliche Töchter sich wuschen,
Als noch blühte der Fried', eh' die Macht der Achaier daherkam.
Hier nun rannten vorbei der Fliehende und der Verfolger.
Vornan floh ein Starker, jedoch ein Stärkerer folgte,
Stürmenden Laufs: denn nicht um ein Opferkalb oder ein Stierfell
Strebten sie, welches man stellt zum Kampfpreis laufender Männer;
Sondern es galt das Leben des rossebezähmenden Hektor.
So wie zum Siege gewöhnt, um das Ziel starkhufige Rosse
Hurtiger drehen den Lauf; denn es lohnt ein köstlicher Dreifuss
Oder ein blühendes Weib, am Fest des gestorbenen Herrschers:
Also kreiseten sie dreimal um Priamos' Veste
Rasch mit geflügeltem Fuss, und es schaute der ganze Olympos."

---

[1]) V. 132—166. Im deutschen Ausdruck bin ich fast wörtlich der
kernigen Uebersetzung des alten Voss gefolgt, nur ein paar Trochäen
habe ich in Daktylen verwandelt.

Wer glaubt hier nicht die genaueste Ortsbeschreibung vor sich zu haben, die man nur wünschen kann? Hier hat man den Hebel angesetzt, und Bunárbaschi als die Stätte des wahren Troja gefunden[1]): Bunarbaschi, ein elendes Dorf am Skamander an einem Vorberge des Ida, genannt Balidagh. Man glaubte jene beiden Skamander-Quellen mit ihrer merkwürdigen Natur hier wiederzufinden; nur schade, dass der Skamander gar nicht hier bei Bunarbaschi entspringt[2]), sondern 20 Stunden oberhalb drinnen im Idagebirg, womit denn auch eine andere Stelle der Ilias ganz gut übereinstimmt (Il. XII 19.): ein Umstand, der für sich allein schon zeigt, dass gerade der Verfasser obiger Partie des XXII. Buchs viel weniger mit den örtlichen Ver-

---

[1]) Für Bunarbaschi haben sich ausser verschiedenen Anderen ausgesprochen Lechevalier, voyage de la Troade, 3. Auflage, Paris 1802. Deutsche Uebersetzung von Dornedden, Leipz. 1792 und von Lenz, Altenburg 1800; Rennel, observations on the topography of the plain of Troy, London 1814; Mauduit, découvertes dans la Troade, Paris-Londres 1840; Charles Texier, description de l'Asie Mineure, premier volume, Paris 1839; H. Gelzer, eine Wanderung nach Troja, Basel 1873; N. G. Nicolaïdes, topographie et plan stratégique de l'Iliade, Paris 1867; H. Fanshawe Tozer, researches in the highlands of Turkey, London 1869; K. B. Stark, nach dem griechischen Orient, Reisestudien, Heidelberg 1874; Derselbe in der Jenaer Literaturzeitung 1874; J. G. von Hahn, die Ausgrabungen auf der Homerischen Pergamos, Leipzig 1865, mit 4 lithographirten Tafeln; Choiseul-Gouffier, voyage pittoresque de la Grèce, Paris 1820; Conze in den Preussischen Jahrbüchern 1874; Welcker, kleine Schriften, II p. I—LXXXVI; E. Curtius, griechische Geschichte; E. Isambert, itinéraire descriptif, historique et archéologique de l'Orient I. deuxième édition, Paris 1873, p. 1903—1005. Ausserdem die Kartographen, darunter Kiepert, Spratt und Feldmarschall Graf Moltke. Die wenigen Verfechter von Hissarlik-Ilion s. in der Schlussanmerkung.

[2]) Alle 34 oder 40 Quellen bilden den Bach Bunarbaschi-su, der früher in den Skamander mündete. Schliemann, Ithaka u. s. w. S. 128. Es sind also nur Quellen, welche einst einen Nebenbach des bereits viele Stunden lang fliessenden und bedeutenden Flusses Skamander-Mendere gebildet haben. Diese Quellen als Skamanderquellen zu interpretiren, ist ebenso gekünstelt und unstatthaft, als wenn ich z. B. die Quellen der Dreisam für die Rheinquellen ausgeben wollte. Und doch interpretiren gewöhnlich die Anhänger der Bunarbaschi-Hypothese die Homerischen Worte auf diese Weise.

hältnissen von Troas bekannt war, als es sonst im Durchschnitt die Sänger der Ilias gewesen sind. Zweitens, gesetzt dass wir wirklich eine Beschreibung der Quellen am Fusse des Felsen von Bunarbaschi in dieser Stelle erblicken wollen, so sind diese Quellen nach dem jetzigen Stand der Dinge ganz falsch beschrieben, denn es gibt dort nicht zwei Quellen, von denen eine immer mit warmer Flut rinnt, die andere im Sommer kalt ist, sondern die dortigen Quellen haben insgesammt jahraus jahrein 17 $\frac{1}{2}$° Celsius Wärme, was sie im Winter warm, im Sommer kalt erscheinen lässt[1]). Drittens sprudeln aus jenem Felsen nicht bloss 2, sondern 34 warme Quellen: genannt „die 40 Augen"[2]). Bei solchem Sachverhalt ist es beinahe unfasslich, wie man gerade diese Quellen als Hauptbeweis für die Identität des Homerischen Ilion und des heutigen Bunarbaschi ausgeben mag. Ganz im Gegentheil: nicht diese 40 Augen von Bunarbaschi, sondern die wirklichen Skamander-Quellen sind es, welche der Urheber dieses Abschnitts der Ilias gemeint hat: zwei Quellen, eine sehr warme und eine kalte, nahe beieinander, aus deren Verbindung der Skamander entsteht[3]). Dieser merkwürdige Ursprung des Haupt-

---

[1]) Diesen Wärmegrad behauptet Schliemann vorgefunden zu haben. Etwas anders, im Hauptresultat aber gleich, lautet die Darstellung des Sachverhalts bei v. Eckenbrecher, Lage des Homerischen Troja S. 20. Eckenbrechers Worte führe ich nicht an, weil er mir in dem Punkte, in welchem er von Schliemanns Angaben abweicht, im Unrecht zu sein scheint: diess behauptet auch Schliemann ausdrücklich in einem der mehrfachen Briefe, welche ich mit ihm besonders über die Quellenfrage gewechselt habe.

[2]) Alle diese Quellen entspringen, ausgenommen eine, nebeneinander am Fuss zweier Felsen ... und Homer würde, wenn er diese Quellen beschreiben wollte, nicht bloss von 2 Quellen gesprochen haben, da es auf einem ganz kleinen Raum 34 oder 40 gab. Schliemann, Ithaka, Peloponnes etc. S. 128.

[3]) Schliemann, trojan. Alterthümer S. 151: Der Skamander entspringt „bekanntlich im Idagebirg aus einer warmen und einer kalten Quelle." Brieflich theilt mir Schliemann noch folgendes Citat darüber mit: P. Barker Webb, topographie de la Troade, Paris 1844, S. 45: „le Scamandre jaillit spontanement, à l'état de rivière, d'une caverne naturelle creusée dans les flancs de la montagne, et forme une magni-

flusses von Troja muss dem Sänger zu Ohren gekommen sein.
Dass er nun aber den kolossalen Missgriff begehen konnte, den
Skamander in unmittelbarer Nähe von Ilion entspringen zu
lassen — noch dazu im Widerspruch mit XII 19 —, das ist
nur denkbar, wenn wir annehmen, dass er das Terrain von Ilion
bloss von unbestimmtem Hörensagen kannte, niemals aber mit
eigenen Augen gesehen hat. Auch der Wettlauf um die Mauern,
der nach den bestimmtesten Versicherungen Eckenbrechers und
Schliemanns bei Hissarlik denkbar ist, erweist sich bei Bunarbaschi als rein unmöglich; man kann hier absolut nicht einen
Wettlauf rings um den Bereich der angenommenen Stadt an-
stellen, denn dieser Umkreis ist unterbrochen von einem sehr
steilen Abgrunde von 150 Metern Tiefe; auf allen Vieren krie-
chend braucht man fast eine Viertelstunde, um hinunterzukom-
men; kein sterbliches Wesen, nicht einmal eine Ziege, kann

fique cascade de 50 ou 60 pieds de hauteur." S. 46: „A peine est le
Scamandre sorti de sa caverne, à peine a-t-il atteint la vallée, qu'une
source thermale, qui en est voisine, vient se réunir à ses eaux. A son
issue le Scamandre était à 43° Fahrenheit, l'air extérieur à 63°, et l'eau
thermale, là où elle opère sa jonction avec le fleuve à 70." Ferner sagt
Barker, diese warme Quelle komme weiter oben im Thale, wohin er aber
wegen Regens nicht folgen konnte, aus der Erde, und dort müsse sie
noch viel wärmer sein. Diesem Sachverhalt gegenüber wird man es
als eine doppelt unwahrscheinliche Interpretation bezeichnen müssen, wenn
man in jenen 2 kalten und warmen Skamanderquellen, von
welchen Ilias XXII spricht, etwas anderes erkennen will, als einfach
diese wirklichen 2 Skamanderquellen, von welchen die eine
kaltes, die andere warmes Wasser hat. Und weiter wird doch wohl
jeder, der diese einzig natürliche Interpretation einräumt, auch einräumen
müssen, dass der Verfasser dieser Verse den troischen Boden nicht
studiert hat, dass er im Gegentheil ihn nur vom Hörensagen, aus Be-
richten anderer kannte, die er in seiner Weise und nicht ohne Irrthümer
und Willkür combinirt hat. Ich bleibe daher auch trotz dem Widerspruch Christs a. a. O. S. 227 bei meiner früheren Behauptung in Betreff des Verfassers des XXII. Buchs. Und wenn ich überhaupt den
Sängern der Ilias im grossen und ganzen eine genaue Kenntnis und
Autopsie des troischen Gebiets abspreche, so bemerke ich mit Befriedi-
gung, dass auch C. Bursian (Centralblatt 1874, Nr. 10) meine Ansicht
theilt.

einen solchen Abhang eilenden Schrittes hinablaufen [1]); und
Hektor und Achilleus sollen dreimal über diesen Abgrund ge-
klettert sein, und der Dichter, der, wie jene glauben, so vertraut mit der Oertlichkeit von Bunarbaschi gewesen sein soll,
hat mit keiner Silbe erwähnt, welch kolossale Hindernisse bei
diesem antiken Steeplechase zu überwinden waren! — Also auch
dieser Zug stimmt absolut nicht mit Bunarbaschi, und, um noch
einmal der Quellen zu erwähnen, so sieht man durchaus nicht
ein, warum die troischen Frauen hätten gehindert sein sollen,
während der Dauer des Krieges ihre Wäsche am Brunnen vor
dem Thore zu waschen, wie sie im Frieden gewohnt waren,
wenn Bunarbaschi der Platz von Ilion war. Da dieser Ort
weit innen im Lande liegt, so war ja das griechische Lager am
Meere stundenweit, drei Stunden weit, von der Stadt weg, und
die Troerinnen hätten die in der Ebene anrückenden Feinde
aus weiter Ferne erblicken können. — Und auch ausser diesem
Buch will sich nichts mit Bunarbaschi reimen; da heisst es z. B.,
dass Zeus vom Gipfel des Ida herab auf Ilion schaue (Il. VIII,
47 ff.): man sieht aber den Gipfel des Ida nicht von Bunarbaschi,
sondern von Hissarlik. Wir lesen: der Klang der Flöten und Schal-
meien vom trojanischen Lager bei Ilion sei im griechischen Lager
vernommen worden [2]). Auf die Distanz von Bunarbaschi bis

---

[1]) Schliemann, Ithaka, der Peloponnes u. s. w. S. 138. In höchst
wunderlicher Weise sucht v. Hahn das Umlaufen des Berges als möglich
zu beweisen. S. 31: „Ich bin diese Steile hinaufgestiegen, ohne die
Hilfe der Hände zu bedürfen. Bei meinem ersten Besuche der Troade
trugen meine der Oertlichkeit unkundigen Leute über dieselbe grosse
Wasserkrüge ab- und aufwärts, die sie in dem Skamander gefüllt
hatten u. s. w." Diesem Argument zufolge könnte man beispielsweise
auch über die in berühmter Weise steile Akropolis von Sardis einen
Wettlauf statuiren: denn man kann ganz gut, ohne die Hände zu
gebrauchen, zu ihr hinaufsteigen, und unsere Leute schleppten selbst
auf der angeblich uneresteiglichen nördlichen Seite schwere Wasserkrüge
herauf.

[2]) Il. X. 11—13: von Agamemnon:

ἦτοι ὅτ' ἐς πεδίον τὸ Τρωϊκὸν ἀθρήσειεν,
θαύμαζεν πυρὰ πολλά, τὰ καίετο Ἰλιόθι πρό
αὐλῶν συρίγγων τ' ἰνοπὴν ὅμαδόν τ' ἀνθρώπων.

ans Meeresufer angewendet, würde eine solche Behauptung wirklich alles erlaubte Mass poetischer Uebertreibung überschreiten. Und die mannichfaltigen Gefechte, in welchen sich Verfolgung und Flucht von der Stadt zu den Schiffen wälzt und wieder zurück, bisweilen mehrmals an einem einzigen Tage [1]), sie wollen ebensowenig mit der grossen Entfernung von Bunarbaschi und dem Landungsplatz Agamemnons stimmen — und ist es wahrscheinlich, dass der Dichter sich vorstellt, das trojanische Pferd, dieses ungeheure hölzerne Thier voll von Heroen, sei meilenweit bis nach Bunarbaschi und dort den steilen Berg hinaufgeschleppt worden! Es war schon eine schwere Aufgabe, den Koloss vom griechischen Schiffslager bis nach Hissarlik zu ziehen [2]). Das trojanische Pferd aber mit den zugehörigen Figuren des Sinon und Laokoon ist eines der hauptsächlichsten und unumgänglich nöthigen Ereignisse im alten epischen Gedicht. Homer und alle seine Nachahmer (Arktinos, Lesches, Virgilius und Quintus Smyrnaeus) verweilen mit besonderem Nachdruck darauf, als auf der nächsten Ursache der Einnahme der Stadt. Und ganz sicher auf Hissarlik, nicht aber Bunarbaschi, das hart am Waldgebirge oder so zu sagen darin liegt, ist es zu beziehen, wenn es im XXIV. Buche der Ilias heisst: dass die Troer ferner

---

Vgl. die Auseinandersetzung Schliemanns, Ithaka, der Peloponnes und Troja, S. 182f.; S. 152 berechnet er die Entfernung von den Höhen von Bunarbaschi bis zum griechischen Lager am Meer auf 14 Kilometer.

[1]) Vgl. Schliemann, a. a. O. S. 184: „Auch in dieser dritten Schlacht überschreiten die Griechen, wie in der ersten, an einem Nachmittage wenigstens viermal den Raum zwischen dem Lager und Troja, trotz der langen Kämpfe bei den Schiffen, in der Ebene und unter den Mauern Trojas." Derselbe S. 152 f.: Alle Kämpfe und alle Hin- und Herzüge der Ilias zeigen, dass die Entfernung von der Stadt bis zum griechischen Lager höchstens 5 Kilometer betragen konnte.

[2]) Die Sage vom trojanischen Pferd ist übrigens nichts als eine Hieroglyphe: hölzernes Pferd = Schiff, und geht wahrscheinlich auf irgend einen Orakelspruch zurück; man erinnere sich der verschiedenen vorderasiatischen Sibyllen zu Sardis, Erythræ, Samos (Aelian var. hist. XII, 85) und jenes Orakels von den hölzernen Mauern Athens, welche seine Schiffe bedeuteten.

aus dem Gebirg ihr Holz zu holen haben [1]). So spricht also das Gros der Ilias nichts weniger als für Bunarbaschi. Verschiedenes reimt sich allerdings auch auf Hissarlik nicht; denn die Quellen sind hier ebensowenig oder noch weniger zu finden, und manche Schlachtbeschreibungen passen durchaus nicht auf die kleine Entfernung zwischen Hissarlik und dem Meere[2]). Im allgemeinen jedoch, abgesehen von jener Partie über die Skamander-Quellen, stimmen die Angaben der Ilias mit der Voraussetzung überein, dass die betreffenden Sänger eine oberflächlich richtige Kenntnis der troischen Landschaft besassen,

---

[1]) Il. XXIV 662 f.:

οἶσϑα γάρ, ὡς κατὰ ἄστυ ἐέλμεϑα, τηλόϑι δ' ὕλη
ἀξέμεν ἐξ ὄρεος . . .

Dazu kommt die Stelle vom Zusammenfluss des Simoeis und Skamander in nächster Nähe von Troja, Il. V 773 f.:

ἀλλ' ὅτε δὴ Τροίην ἷξον ποταμώ τε ῥέοντε,
ἧχι ῥοὰς Σιμόεις συμβάλλετον ἠδὲ Σκάμανδρος.

Damit stimmen auch die bei Hissarlik noch an den Sümpfen bemerklichen alten Bette beider Flüsse auf das schönste überein. „Früher floss der Skamander mehr östlich in der Ebene und vereinigte sich mit dem Simoeis 1700 Meter nordwestlich von Hissarlik. Das alte Bett und die ehmalige Verbindung mit dem andern Flusse ist noch deutlich zu sehen. Während des Winters fliesst durch das alte Bett das überschüssige Wasser ab." (Schliemann, Ithaka, der Peloponnes und Troja S. 139.)

Auch hätte der oft sehr reissende und nicht ungefährliche Skamander immer fort wieder vom ganzen Heere durchschwommen werden müssen, falls Bunarbaschi das Homerische Ilion war und der Lagerplatz der Achäer zwischen der Skamandermündung und dem Rhoiteion sich befand. (Eckenbrecher, Lage des Homerischen Troja, S. 25.)

Endlich ist zu erwähnen der Schluss des VII. Gesanges der Ilias, wo sich „sonnenklar zeigt, dass sich der Dichter Troja höchstens ½ bis ¾ Stunden von den Schiffen entfernt dachte, womit wir auf Hissarlik als Stätte der Priamusstadt hingewiesen werden." Christ a. a. O. S. 197.

[2]) Warme Quellen finden sich bei Hissarlik nicht, und wenn man behauptet, bei dem überaus vulkanischen Charakter der troischen Landschaft sei es leicht möglich, dass einst doch bei Hissarlik warme Quellen gesprudelt haben, so bleibt das eben eine reine und nicht unbedenkliche Hypothese; und da auch der Mauerlauf bei Hissarlik auf Bedenken stosst (vgl. Christ a. a. O. S. 197), so ist es gewiss am gerathensten, in beiden Fällen eine poetische Fiction Homers anzunehmen ohne reelle Grundlage.

und dass sie Troja an keinem andern bestimmten Platze suchten,
als wohin es die Tradition verlegte, zu Hissarlik. Ganz ausserordentlich schwer scheint mir aber bei dieser Untersuchung
über das Verhältnis der Homerischen Gesänge zur Topographie
Ilions das XX. Buch ins Gewicht zu fallen, oder, um noch ge-
nauer zu sprechen, der hauptsächlichste Inhalt des XX. Buchs,
das Lied vom Zweikampf des Aeneas und Achilleus. Es
unterscheidet sich durch manche Merkmale in Stil [1]) und Inhalt
von seiner Umgebung: mit keiner Silbe gedenkt Achill gegen
Aeneas des kaum gefallenen Patroklos, den er doch rächen will,
und der Meeresgott, sonst der eifrigste Hort der Achäer, greift
hier als Rettungsengel des Troerfürsten Aeneas in die Handlung
ein: kurz, nicht der mindeste Bezug wird auf die übrige Ilias
genommen. Es ist ein Einzellied, das ohne alle Störung des
Heldengesangs im grossen aus der Ilias gestrichen werden kann [2]),
verfasst von einem andern Dichter als das Gros der Ilias, von
einem geringeren, aber von einem besseren Kenner der Gegend, ja von einem vortrefflichen Kenner [3]). Das ganze Lied ist
eigentlich ein Preis des Troer-Fürsten Aeneas, dessen Nach-
kommen noch Jahrhunderte lang nach der Zerstörung der
Priamischen Hauptstadt in den Bergvesten des Ida sich gehalten
haben. Darum wird ihm auch prophezeit, dass unter dem
Scepter der Aeneaden das Reich des Priamos wiedererstehen
soll aus Staub und Asche [4]). Alle die Landessagen von den
Urahnen der troischen Fürstenhäuser, von Ganymeds Entführung,
vom Urtheil des Paris, sind unserm Sänger wohlbekannt, und

---

[1]) Die Figur der Apostrophe z. B. kommt mehrmals vor.
[2]) Vgl. Bergk, griech. Literaturgeschichte I, S. 633 f.
[3]) Aus Kenchreä, wo Homer der Sage nach sich aufgehalten
haben soll?
[4]) So wird man doch wohl die berühmte Stelle Il. XX, 306—308,
auffassen müssen:

Ἤδη γὰρ Πριάμου γενεὴν ἔχθηρε Κρονίων·
Νῦν δὲ δὴ Αἰνείαο βίη Τρώεσσι ἀνάξει,
Καὶ παίδων παῖδες, τοί κεν μετόπισθε γένωνται.

Vgl. auch Gelzer, eine Wanderung nach Troja, S. 23.

auch seine Romanze vom Zweikampf der beiden Recken mag
er aus uralter Volkslegende geschöpft haben. Jenes Höhnen
auf den Gegner, ehe der Kampf beginnt, wie Achill nicht blut-
und rachedurstig auf ihn stürzt, sondern spöttisch dem Aeneas
räth, sich zurückzuziehen als ein Schwächling; wie stimmt dieser
Zug nicht so vortrefflich überein mit den ältesten Heldenge-
sängen fast aller Völker, vor allem mit unseren deutschen!
Wohl mag unser Lied aus dem X. oder IX. Jahrhundert v. Chr.
stammen, als die Mauern von Troja noch grossentheils standen
und die Tradition in der troischen Landschaft noch frisch und
bestimmt auf den Hügel von Hissarlik wies [1]). Dieses Lied nun
erzählt ausführlich, wie zuerst Dardania am Abhange des Ida
gegründet ward und später in der Ebene das hl. Ilion [2]). Damit stimmt auch die wichtige Angabe des Mythographen Apollodor,
der die Legende von der Gründung Ilions im einzelnen erzählt.
Ilos, der sagenhafte Gründer von Ilion — er ist eine bloss er-
fundene Figur wie Romulus als Gründer Roms — Ilos habe
vom König von Phrygien als Siegespreis in einem Wettkampf
50 Jünglinge und 50 Mädchen erhalten und eine bunte Kuh,
und dazu die Weisung, wo diese sich niederlasse eine Stadt zu
gründen: sie habe sich niedergelassen am Hügel der phrygischen
Ate, und so sei daselbst Ilios gegründet worden [3]). Dieser Aus-

[1]) Grote, Geschichte Griechenlands (Uebersetz.) I, 515: Die Verschmelzung der einzelnen Theile (der Ilias) muss während des IX. oder
VIII. Jahrhunderts stattgefunden haben, noch während der productiven
Tage des epischen Genius; später hätte diese Verschmelzung schwerlich
so gelingen können, dass die Homerischen Gedichte wirklich den Schein
der Einheit bekamen.

[2]) Il. XX, 216 ff.:

κτίσσε δὲ Δαρδανίην, ἐπεὶ οὔπω Ἴλιος ἱρὴ
ἐν πεδίῳ πεπόλιστο, πόλις μερόπων ἀνθρώπων,
ἀλλ᾽ ἔτ᾽ ὑπωρείας ᾤκεον πολυπίδακος Ἴδης.

[3]) Apollodor biblioth. III c. 12, p. 109 f. Hercher: Ἠλέκτρας δὲ
τῆς Ἄτλαντος καὶ Διὸς Ἰασίων καὶ Δάρδανος ἐγένοντο. Ἰασίων μὲν οὖν
ἐρασθεὶς Δήμητρος καὶ θέλων καταισχῦναι τὴν θεὸν κεραυνοῦται, Δάρδανος
δὲ ἐπὶ τῷ θανάτῳ τοῦ ἀδελφοῦ λυπούμενος, Σαμοθράκην ἀπολιπὼν εἰς
τὴν ἀντίπερα ἤπειρον ἦλθε. ταύτης δὲ ἐβασίλευε Τεῦκρος ποταμοῦ Σκα-

druck „Hügel" passt vorzüglich auf die Höhe von Hissarlik,

μάνδρου καὶ νύμφης Ἰδαίας · ἀφ᾽ οὗ καὶ οἱ τὴν χώραν νεμόμενοι Τεῦκροι προσηγορεύοντο . ὑποδεχθεὶς δὲ ὑπὸ τοῦ βασιλέως καὶ λαβὼν μέρος τῆς γῆς καὶ τὴν ἐκείνου θυγατέρα Βάτειαν, Δάρδανον ἔκτισε πόλιν, τελευτήσαντος δὲ Τεύκρου τὴν χώραν ἅπασαν Δαρδανίαν ἐκάλισε . γενομένων δὲ αὐτῷ παίδων Ἴλου καὶ Ἐριχθονίου, Ἴλος μὲν ἄπαις ἀπέθανεν, Ἐριχθόνιος δὲ διαδεξάμενος τὴν βασιλείαν, γήμας Ἀστυόχην τὴν Σιμόεντος, τικνοῖ Τρῶα . οὗτος παραλαβὼν τὴν βασιλείαν τὴν χώραν ἀφ᾽ ἑαυτοῦ Τροίαν ἐκάλεσε, καὶ γήμας Καλλιρρόην τὴν Σκαμάνδρου γεννᾷ θυγατέρα μὲν Κλεοπάτραν, παῖδας δὲ Ἴλον καὶ Ἀσσάρακον καὶ Γανυμήδην . τοῦτον μὲν οὖν διὰ κάλλος ἀναρπάσας Ζεὺς δι᾽ ἀετοῦ θεῶν οἰνοχόον κατέστησεν · Ἀσσαράκου δὲ καὶ Ἱερομνήμης τῆς Σιμόεντος Κάπυς, τοῦ δὲ καὶ Θέμιδος τῆς Ἴλου Ἀγχίσης, ᾧ δι᾽ ἐρωτικὴν ἐπιθυμίαν Ἀφροδίτη συνελθοῦσα Αἰνείαν ἐγέννησε καὶ Λύρον (Λύρκον?), ὃς ἄπαις ἀπέθανεν. Ἴλος δὲ εἰς Φρυγίαν ἀφικόμενος καὶ καταλαβὼν ὑπὸ τοῦ βασιλέως αὐτόθι τεθειμένον ἀγῶνα νικᾷ πάλην · καὶ λαβὼν ἆθλον πεντήκοντα κούρους καὶ κόρας τὰς ἴσας, δόντος αὐτῷ τοῦ βασιλέως κατὰ χρησμὸν καὶ βοῦν ποικίλην, καὶ φράσαντος ἐν ᾧπερ ἂν αὕτη κλιθῇ τόπῳ πόλιν κτίζειν, εἵπετο τῇ βοΐ . ἡ δὲ ἀφικομένη ἐπὶ τὸν λεγόμενον τῆς Φρυγίας Ἄτης λόφον κλίνεται · ἔνθα πόλιν κτίσας Ἴλος ταύτην μὲν Ἴλιον ἐκάλεσε, τῷ δὲ Διὶ σημεῖον εὐξάμενος αὐτῷ φανῆναι, τὸ διιπετὲς παλλάδιον πρὸ τῇ σκηνῆς κείμενον ἐθεάσατο. ἦν δὲ τῷ μεγέθει τρίπηχυ, τοῖς δὲ ποσὶ συμβεβηκός, καὶ τῇ μὲν δεξιᾷ δόρυ διηρμένον ἔχον, τῇ δὲ ἑτέρᾳ ἠλακάτην καὶ ἄτρακτον.

Ausser Apollodoros a. a. O. handeln von der phrygischen Ate Lykophron, Alexandra 28—30:

> ἡ δ᾽ ἔνθεον σχάσασα βακχεῖον στόμα,
> Ἄτης ἀπ᾽ ἄκρων βουπλανοκτίστων λόφων,
> τοιῶνδ᾽ ἀπ᾽ ἀρχῆς ἦρχ᾽ Ἀλεξάνδρα λόγων.

Dazu bemerken schol. Vindobon. I. bei Bachmann, p. 15: λόφος πρὸ τοῦ ἐκαλεῖτο καὶ Ἄλιος (wahrscheinlich statt Ἄτιος) und Tzetzes: ἄτης]ἤγουν βλάβης, ἤ ὄνομα ὄρους, λόφον ἄτης καὶ βουπλανόκτιστον τὴν Τροίαν λέγει.... Δάρδανος δὲ κατακλυσμοῦ γεγονότος ἐκ Σαμοθράκης εἰς τὴν ἀντιπέρα γῆν περαιοῦται καὶ τὴν νῦν Τροίαν ἔμελλε κτίζειν. Χρησμὸς δὲ τοῦτον κωλύει κτίζειν τὸν λόφον τοῦτον εἰπὼν βλάβην γενέσθαι τοῦτον τοῖς αὐτὸν κατοικήσασιν. ἐν Πριήπῳ δὲ ἐμαντεύσατο. ἔχρησε δὲ αὐτῷ ὁ Πριηπαῖος Ἀπόλλων μὴ κτίζειν τὸν λόφον τοῦτον, ἄτης γὰρ αὐτὸν ἔφη. διὸ καὶ Δάρδανος κωλυθεὶς αὐτὸν οὐκ ἔκτισεν, ἀλλὰ τὴν ὑπὸ τὴν Ἴδην Δαρδανίαν, πρότερον Σκαμάνδρου λόφον καλουμένην, βασιλεύοντος τότε τῶν Τρωικῶν μερῶν Τεύκρου τοῦ Σκαμάνδρου καὶ Ἰδαίας νύμφης. οὗ Σκαμάνδρου τὴν θυγατέρα Βάτειαν λαβὼν ὁ Δάρδανος, ἣν καὶ ὁ Λυκόφρων Ἀρίσβην λέγει, γεννᾷ Ἴλον καὶ Ἐριχθόνιον · ὧν Ἴλος ἄπαις τελευτᾷ,

während der Balidagh bei Bunarbaschi mit seiner 150 Meter

Ἐριχθόνιος δὲ ἐξ Ἀστυόχης τῆς Σιμόεντος γεννᾷ Τρῶα. Τρωὸς καὶ Καλλιρρόης τῆς Σκαμάνδρου Ἴλος (sic) καὶ ἕτεροι. Ὅς Ἴλος εἰς Φρυγίαν ἐλθὼν καὶ ἀγῶνα ὑπὸ τοῦ βασιλέως τεθειμένον εὑρὼν νικᾷ πάλην, καὶ λαβὼν ἐκ τοῦ βασιλέως ἆθλον ν κόρας καὶ ν κόρους, ἐκ χρησμοῦ εἵπετο βοΐ πλανη-θείσῃ ἐκ Μυσίας, ἥτις ἀφικομένη ἐπὶ τὸν λεγόμενον τῆς Φρυγίας Ἄτης λόφον κατακλίνεται, ἔνθα πόλιν κτίσας ὁ Ἴλος Ἴλιον ἐκάλεσε.
Eustathios ad Il. XIX 136: φασὶ δὲ εἰς Ἴλιον κατενηνέχθαι ῥιφεῖσαν τὴν Ἄτην, διὸ καὶ Ἄτης λόφος ἐκεῖ, οὗ ὁ Λικόφρων μέμνηται. τοῦτο δὲ ἀστείως πέπλασται διὰ τὰς μεγάλας ἄτας, ἃς ἐκ Διὸς οἱ Τρῶες ἔπαθον. schol. in Il. I 591 ... λόφος Ἄτης ἐν Τροίᾳ παρὰ Λικόφρονι, ἔνθα ὑπὸ Διὸς ἐκείνη ἐρρίφη, ὡς καὶ ἐν τοῖς Ἀπίωνος καὶ Ἡροδώρου δηλοῦται. Hesych. Ἀτιόλοφος · οὕτως τὸ Ἴλιον (Ἴλιον cod.) ἐκαλεῖτο πρῶιν. Die Herausgeber ändern das durch die alphabetische Reihenfolge ge-sichert scheinende Ἀτιόλοφος in Ἄτης λόφος.
Stephanos Byz., p. 330 Meineke: Ἴλιον πόλις Τρῳάδος ἀπὸ Ἴλου, ἥν οἱ Τρῶες Ἄτην (ἄκτην die Hss.) ἐκάλουν καὶ Ἄτης λόφον . δευτέρα. (αὐτῆς λόφοι δύο die Hss.) ἐν τῇ Προποντίδι παρὰ Ῥυνδάκῳ ποταμῷ.

Aus allen diesen Stellen scheint mir die Existenz einer phry-gischen Landesgöttin Ate, ihre Verehrung auf dem Hügel von Ilissarlik, sowie auf einem zweiten Hügel am Rhyndakos-Flusse und ihr vom Himmel gefallenes Bild (schol. Il. I 591: ἔνθα ὑπὸ Διὸς ἐκείνη ἐρρίφη, auch nach Apollodor III 12 und Diodor. fragm. 14, p. 640 Wessel. ein διιπετές) unwiderlegbar hervorzugehen. Als specifisch phrygische Göttin hat die aus jener Ate entstandene Athene Ilias noch auf einer Münze die phrygische Mütze. Von der gewöhnlichen griechischen Ate oder Bethörung, einer blossen Allegorie, wird sie unterschieden durch den Zusatz ἡ Φρυγία. Wahrscheinlich war sie dem phrygischen Gotte Atis verwandt. Um des ähnlichen Klangs ihrer Namen willen wurden nun nach Eroberung des Landes durch die Griechen Ate und Athene combinirt und es entstand die eigenthümliche Athene Ilias mit phrygischer Mütze, Speer und Fackel und Eule. An die Stelle der unhellenischen Fackel traten Spinnrocken und Spindel. Eine sehr unhellenische, echt asiatische Göttin verschmolzen mit einer hellenischen, und sogar dazu noch eine mit Symbolen der Mütterlichkeit überhäufte Gottheit verschmolzen mit einer jungfräulichen sehen wir in der ephesischen Artemis vor uns. Um-schmelzung asiatischer Götternamen in griechische Form haben wir u. a. in der Eileithyia-Ioledeth, Moledeth, Mylitta, im Apollon Ismenios = phö-nik. Eschmun: die gewöhnliche Ableitung vom indogerm. „is" wünschen befriedigt nicht. Auch der Zeus Meilichios mit seinem sanften Namen und seinen Menschenopfern ist bloss die hellenische Maske des schreck-lichen, nach Menschenopfern gierigen Moloch. Die mit unblutigen Opfern

tiefen Schlucht schon ein recht ordentlicher Berg ist, wie auch
verehrte Artemis Munichia hat von dem unblutigen Opfer (hebräisch
minĕchah) ihren Namen. Auch der griechische Orkos ist semitischen
Ursprungs, von 'araq' die Erde, das Untere. Ueberhaupt wo hört es
auf, wo fängt es an, dieses Ineinanderschmelzen hellenischer und vorder-
asiatischer Religionsbegriffe!

Und was gerade das Moment gleichklingender Namen betrifft, so
spielt diess in der ganzen Sagen- und Religionsgeschichte eine der
wichtigsten Rollen. Auch die Nibelungensage z. B. ist nur entstanden,
weil zufällig gleichlautende Namen zu der Verknüpfung von Mythus und
Geschichte führten (Haupts Zeitschrift für deutsches Alterthum X 155.
159). Und sehr sinnreich und zutreffend hat Karl Müllenhoff besonders
mit Hilfe dieses Schlüssels einige Bildungen der troischen Heldensage
erklärt. – W. Christ, die Topographie der trojanischen Ebene S. 227
bezweifelt die „Fabelei des Apollodor" von der „Kuh" und der Ate. Es
sind freilich am Ende Geschmacksachen, wie weit man in der Ausbeu-
tung einer Legende für eine historische Untersuchung gehen will. Indessen hat bekanntlich die wissenschaftliche Mythologie aller Völker
und Länder gerade die Legenden als reiche Fundgruben angesehen und
verwerthet: warum sollte es in unsrem Falle verboten sein? Unsre
phrygische Ate, für welche ich aus bloss rhetorischen Gründen in
meinem Vortrag nur Apollodoros als Zeugen ausgehoben hatte, für die wir
ja aber eine ganze Reihe Zeugnisse besitzen, ist jedenfalls vollkommen
verschieden von der griechischen Allegorie ἄτη Bethörung und wird ja
auch von dieser hellenischen Figur durch den Beisatz phrygisch ausdrücklich unterschieden. Was soll also den Grund zu einer Fiction
dieser phrygischen Göttin abgegeben haben, wie soll in irgend denk-
barer Weise die Legende entstanden sein, wenn sie nicht wirklich jene
Landesgöttin war, auf welche die ilische Athene späterer, hellenisirter
Gestalt erst gepfropft worden ist? Wer die wie mir scheint ganz un-
verfänglichen und unverdächtigen „Fabeleien" Apollodors und der übrigen
leugnet, der muss doch wenigstens den Beweis antreten, auf welche ver-
nünftige Weise sie überhaupt entstanden sein sollen! Wo nicht, so
stellt er sich auf den Standpunkt des reinen Subjectivismus. – Und um
auch die angefochtene Kuh nicht zu übergehen, so ist dieses Thier bei
der Gründungssage des Heiligthums der ilischen Athene ganz an seinem
Platze und darf wohl als Beleg der Echtheit und Alterthümlichkeit der
von Apollodor erzählten, gewiss nicht von ihm erfundenen Sage gelten.
Es ist eine allgemein indogermanische Legendenform, um die sich's
hier handelt; vgl. Schindler, Aberglaube des Mittelalters 265: „Pferde,
Hirsche, Bären und Stiere sind es, die den Ort bezeichnen, wo Kirchen
und Klöster zu erbauen sind. Sie sind es ebenfalls, die die Anlage

sein türkischer Name sagt [1]). Ausserdem gibt uns jene Legende von Burgen, Städten, Colonien begründen. Dem wandernden Heere pflegte ein göttlich gesandtes Thier den Weg und den Ort der Niederlassung zu zeigen." Geweihte Rinder zeigen die Stätte zu einem Kirchenbau durch ihr Stehenbleiben, Vernaleken, Alpensagen 316; ähnliche Legenden bei Friedreich, Symbolik und Mythologie der Natur S. 498. Dahin gehören auch die Sage von den Opikern, denen ein Stier vorangieng, und der eigenthümliche Ritus bei der Ziehung der Einweihungsfurchen römischer Städte. Eine Kuh zeigte auch dem aus Asien kommenden Kadmos den Platz, wo Theben erstehen sollte: sie hatte auf jeder Seite ein weisses vollmondförmiges Zeichen (Pausan. IX 12,1). Eine Kuh, wahrscheinlich gleichfalls Symbol der Mondgöttin, war das Münzzeichen der kilikischen Städte Tarsos, Mallos und Soloi, ebenso von Side (Brandis, Münzw. in Vorderasien 354). Auch auf Münzen des benachbarten Kyzikos begegnen wir der Kuh (Mionnet Nr. 168, 308, 410, vgl. Sestini, descr. d. stateri ant. p. 54): hier wird sie auf Persephone bezogen von Marquardt, Cyzicus und sein Gebiet S. 131. Wir werden kaum irren, wenn wir die gefleckte Kuh, welche Trojas Stätte weist, als das heilige Symbol der Nacht- und Mondgöttin Athene oder Ate auffassen: die fünfzig Knaben und Mädchen aber, welche mit der Mondkuh ziehen, sind nichts anderes als die 50 Wochen des Jahres (vgl. E. Gerhard, Prodromus 167). Dass die Kuh vorzugsweise das Opferthier der Athene Ilias gewesen ist, erkennen wir an dem auf Münzen von Ilion dargestellten Kuhopfer vor dem Standbild der Athene Ilias (Müller, Wieseler und Oesterley, D. A. K. II 21, 222. Sestini, descr. num. VII 3, p. 396. Pellerin R. et V. II 31, 3), und es ist bereits in der Ilias VI 94 erwähnt. Somit ist wohl für jeden, der nicht die Augen verschliessen will, der Beweis geliefert, dass wir es bei jener Gründungssage von Ilion keineswegs mit einer leichtfertigen oder kindischen Erfindung Apollodors zu thun haben, sondern mit einer alterthümlich urwüchsigen, symbolisch recht hübsch ersonnenen und auf die Eigenthümlichkeiten des ilischen Athenecults bezüglichen Legende: und in dieser Legende steckt ganz gelegentlich, und weder von den Erzählern noch von den bisherigen Auslegern verwerthet, eine sehr interessante topographische Notiz über den Ate-Hügel. Zu diesem Sachverhalt bieten die Heiligengeschichten des Mittelalters hunderte von Parallelen, welche die germanistische Wissenschaft erst in der neuesten Zeit ganz gleich verwerthet hat, wie ich es mit dem Ate-Hügel thun zu müssen für einzig richtig halte.

[1]) Hügel, λόφος, sagen alle Gewährsmänner: Apollodor, Lykophron, Hesychios, Eustathios, Stephanos von Byzanz und Plato de legibus III 4, p. 682: κατακλασθῆ, δή, ... ἐκ τῶν ὑψηλῶν εἰς μέγα τι καὶ καλὸν

die höchst werthvolle Kunde, dass der Hügel von Hissarlik seit undenklicher Zeit einer Landesgöttin geweiht war, die schon im Klang ihres Namens (Ate) Anlass bot, dass die Griechen ihre Athene in ihr vermuthen konnten. Auch die sonstige Tradition ist ganz entschieden für Hissarlik. Es wird berichtet, dass die Mauern Sigeions aus den Trümmern Ilions erbaut sein sollen [1]): wer mag hier zweifeln, dass die 1 ½ Stunden entfernte Stätte von Hissarlik gemeint sei, nicht aber das 4 Stunden entfernte Bunarbaschi? Das ganze Alterthum hat keine andere Ansicht gehabt, als dass das spätere griechisch-römische Ilion auf der Stelle des alten Priamischen sich erhoben habe. Nur zwei Gelehrte (denen als dritter im Bunde Strabo sich anschloss) wagten es zu bestreiten: Hestiäa aus Alexandreia Troas und Demetrios [2]) aus dem gleichfalls nahen Städtchen Skepsis im Idagebirge. Ich lasse es dahingestellt, ob unlautere Motive, ob Neid und Eifersucht der Nachbarstädte gegen das seit Alexander dem Grossen plötzlich so hoch empor kommende Ilion hier im Spiele gewesen sind. Wir haben solche Insinuationen nicht nothwendig, obschon gerade des Demetrios Unparteilichkeit nicht über allen Zweifel erhaben ist: denn er versuchte, seinem eigenen ärmlichen Geburtsort die Heimat des Aeneas zu vindiciren. Bei Hestiäa ist ein unlauteres Motiv noch weniger vorauszusetzen. Ihre Bemühungen um die Erklärung

πεδίον Ἴλιον, ἐπὶ λόφον τινὰ οὐχ ὑψηλόν. Nirgends (Tzetzes etwa abgerechnet, der aber bloss einmal ὄρος, mehrmals dagegen λόφος sagt) finde ich den Ausdruck Berg für die Stelle von Ilios. Es ist das auch ein starker Beweis für Hissarlik-Ilion gegen Bunarbaschi-Ilion. Solche Hügel scheinen gerade mit Vorliebe von den Priestern des nordwestlichen Kleinasiens für ihre Heiligthümer ausgewählt worden zu sein. Ausser dem zweiten λόφος der Ἄτη am Rhyndakos lese ich von einem λόφος 40 Stadien von Lampsakos, ἐφ᾽ ᾧ μητρὸς θεῶν ἱερόν ἐστ ν ἅγιον, Τηρείης ἐπικαλούμενον, Strab. XIII, p. 589.

[1]) Stark, Reisestudien 166. Von Schliemann bestritten. Auf welches Zeugnis die fragliche Tradition sich stützt, weiss ich nicht anzugeben.
[2]) Er war nach Strabo ein Zeitgenosse des Krates und Aristarch und scheint zu Pergamum studiert zu haben, vgl. Wegener, de aula Attalica S. 159. Er schrieb mindestens 26, wahrscheinlich 30 Bücher historischer und geographischer Erläuterungen zum Schiffskatalog.

Homers werden mehrfach von den Scholien hervorgehoben, und
sie mag die ehrlichste Absicht gehabt haben. Wenn sie behauptete:
die Lage Ilions entspreche nicht den Schilderungen Homers, so
hatte sie, wie wir oben sahen, in Betreff des Grundstocks
der Ilias durchaus nicht Unrecht. Demetrios schloss sich diesen
Zweifeln an, und da ihnen besonders der Raum zwischen
Ilion und dem Hellespont für Lager und Schlachtfeld zu klein
erschien [1]), so erklärte Demetrios: die Stelle des Priamischen

---

[1]) Und nicht mit Unrecht, namentlich wenn man in Betracht zieht,
dass ein grosser Theil des heutigen Skamanderdeltas im Homerischen
Alterthum eine Wasserfläche gewesen ist. Doch ist nicht die Ebene um
Ilion überhaupt erst in nachhomerischer Zeit entstanden, wie Hestiäa
behauptete. Am gründlichsten handelt über diese Fragen v. Eckenbrecher, Lage des Homer. Troja S. 8. 9:
„Durch die Landanschwemmungen, welche der Mendere, gleich dem
Kaystros, Mäander, Hermos und allen anderen Flüssen Kleinasiens bei
seinem Ausfluss in das Meer bewirkt, hat die Ebene von Troja seit
diesen Zeiten einen bedeutenden Zuwachs erhalten. Jetzt ist nicht nur
zwischen dem Vorgebirg von Jeni-schehr und In-tepe kein Meerbusen,
sondern der flache sandige Strand, welcher die nördliche Grenze der
Ebene bildet, tritt auf der Seite von Kumkaleh — am Punkte des Aus-
flusses des Mendere — sogar ein gutes Stück in die See hinaus. Im Alterthum aber war an dieser Stelle ein tief einschneidender Meerbusen des-
Hellesponts, wie aus Homer (Il. II 92, XIV 36) und Strabo (lib. XIII)
erhellt. Durch letzteren wissen wir, dass im Anfang der christlichen
Zeitrechnung der Abstand des Meeres von den Höhen bei Tschiblak, da
wo es am tiefsten in das Land hineintrat, nur 12 Stadien oder 3600
Schritt betrug, während es jetzt 9600 Schritt davon entfernt ist. Ein
wie grosses Stück Land aber bis Strabo seit dem Zeitalter des trojanischen
Krieges angeschwemmt worden sei, oder wie weit sich in jenem Zeitalter
der Meerbusen in die Ebene hineinerstreckt habe, ist nicht zu bestimmen,
da diess gänzlich von der Tiefe des Meeres abhängt, die der Mendere
auszufüllen hatte, und von dem Lauf, welchen er nahm, und es ist ganz
willkürlich, wenn Strabo annimmt, dass die Entfernung des Meeres von
dem gedachten Punkte zur Zeit des trojanischen Kriegs höchstens
6 Stadien betragen habe: wir können mit Gewissheit nur sagen, dass sie
weniger als 12 Stadien betrug. Auch lässt sich nicht bestimmen, welche
Gestalt der Meerbusen zu Strabos oder Homers Zeit gehabt habe,
also auch nicht wie damals seine Breitenverhältnisse in verschiedenen
Abständen vom Hellespont waren . . . Die Nachrichten der Alten

Ilion sei beim sogenannten Ilierdorf, Ἰλιέων κώμη, zwei Stunden weiter innen im Lande zu suchen. Diese positive Behauptung des Demetrios, die weiter nichts ist als eine leere, luftige Hypothese, hat nun unglücklicherweise Strabo, der grosse Geograph zur Zeit des Augustus, der selber nie den troischen Boden betreten hat, sich zu eigen gemacht (XIII. p. 593. 595. 597. 601), und, indem er sie mit seiner Autorität stützte, gerade so viel Unheil und Verwirrung angerichtet, wie derjenige (Lechevalier), welcher jene warmen Quellen bei Bunarbaschi entdeckte und unrichtig verwerthete. Nun hätte allerdings schon die Art, wie Strabo über die Schwierigkeiten des Homerischen Ithaka sich hinweghilft, vor dem blinden Glauben an seine Auctorität warnen können. Da auch hier bei dieser für die Odyssee so ausserordentlich wichtigen Insel die Natur und die Beschreibung Homers nichts weniger als zusammenstimmen wollen [1]), so stellt Strabo die durchaus unrichtige Vermuthung auf: die Oertlichkeit von Ithaka sei durch gewaltige Naturereignisse im Laufe der Zeit völlig

sprechen ganz entschieden von einem tief einschneidenden Meerbusen, und dass ein solcher im Laufe der Jahrtausende durch die hineinströmenden Flüsse ausgefüllt sei, erscheint ganz analog dem, was durch alle anderen kleinasiatischen Flüsse geschehen ist. Die Ruinen der ehemaligen Seestadt Ephesos liegen jetzt durch die Anschwemmungen des Kaystros über eine Stunde weit vom Meere, die Ruinen von Milet, das gleichfalls vom Meer bespült wurde, sind jetzt ³/₄ deutsche Meilen von diesem entfernt: so weit hat der Mäander seine Anschwemmungen vorgeschoben, durch welche auch ein ganzer Meerbusen, der grosse Latmische Golf, einst durch Seestädte belebt, von der See getrennt worden ist. Die Anschwemmungen des Hermos haben an seinem Ausflusse den Golf von Smyrna und dessen Fahrwasser schon bedeutend verengt, und schreiten damit alljährlich in bedenklicher Weise fort, so dass sie, wenn menschliche Thätigkeit hier nicht eingreift, etwa durch Ableitung des Hermos in den Golf von Tschandeli, unzweifelhaft Smyrna ganz vom Meer abschneiden werden."

[1]) Vgl. Bergk, griechische Literaturgeschichte I S. 784 f. Nicht besser steht es um die Kenntnis Homers von Sicilien. Die poetische Schilderung der Meerenge von Messina ist das einzige deutliche geographische Bild Siciliens, das uns bei Homer entgegentritt. Vgl. Watkiss Lloyd, the history of Sicily to the Athenian war; ebenso A. Holm in Bursians Jahresbericht I (1873) S. 42.

verändert worden (1. p. 59). — Er rückt nun also Ilion um
2 Stunden weiter ins innere Land zurück, wodurch an sich die
Schwierigkeiten bloss gesteigert werden [1]); er rückt es an eine
Stelle, wo auch schon hundert Jahre vor seiner Zeit von Demetrios dem Skepsier vergeblich nach Trümmern gesucht wurde,
und wo man auch heute nichts rechtes findet [2]) — an eine Stelle,
wo es auch an der bescheidensten Erhöhung für eine Akropolis
fehlt, wo überhaupt gar nichts ist, was an Ilion denken lässt,
als der Name Ilierdorf; und warum sollten Stadt Ilios und Ilierdorf identisch sein? Sollte dieses nicht einfach ein Dorf gewesen sein, das einst zur Herrschaft der Stadt gehörte? So
wenig heutzutage Weilerstadt und Weilindorf, Vöhringenstadt
und Vöhringendorf identisch sind, so unwahrscheinlich ist auch
in diesem Stück des Strabo und Demetrios Hypothese [3]). Es
bleibt also gar nichts übrig, was uns bestimmen könnte, an sie
zu glauben — und auch das ganze Alterthum hat nicht an sie
geglaubt [4]). — Einen indirecten Werth aber kann jene Hypothese doch für uns haben, wenn wir überlegen, dass selbst
Demetrios von Skepsis, so wenig er an Hissarlik glauben mochte,
und so neidisch und eifersüchtig er auch vielleicht auf das Ilion
seiner Zeit war, dennoch nicht gewagt hat, einen beliebigen mit
Ruinen versehenen und strategisch gut gelegenen Schlossberg
wie Bunarbaschi auszuwählen und gleich den modernen For-
schern, für das Priamische Troja auszugeben, sondern dass er
es vorzog, ein ärmliches und ganz unpassend gelegenes Dorf in
die legendarischen Rechte von Ilion einzusetzen, weil wenigstens

---

[1]) Dies hat besonders Maclaren in seinem angeführten Buche be-
wiesen; vgl. auch Spohn de agro Trojano, Leipz. 1814.

[2]) Ohne Zweifel auf Grund des eigenen Geständnisses von Demetrios bemerkt Strabo: οὐδὲν δ᾽ ἴχνος σώζεται τῆς ἀρχαίας πόλεως.

[3]) So ist auch vico Pisano, Pisanerdorf, eine nicht unbedeutende Ortschaft 7 Miglien von der Stadt Pisa und einst zur Republik Pisa gehörig.

[4]) In neuerer Zeit hat sich Ulrichs im Rheinischen Museum III
S. 573 ff. für die Identität von 'Ιλιέων κώμη und Troja ausgesprochen;
und ihm scheint sich Forbiger in Paulys Realencyklopädie VI S. 2162
zuzuneigen. Jeder der an Ort und Stelle gewesen ist, wird diese Ansicht für durchaus unhaltbar erklären müssen.

der Name noch an ihm zu haften schien. An der Tradition des Namens zu rütteln wagte kein Mensch im Alterthum. Es dürfte diess eine Warnung sein für uns [1]).

Die ältesten Gewährsmänner in der Frage sind [2]) Hellanikos aus dem benachbarten Lesbos und Herodot, weiterhin kommen besonders Xenophon und der in topographischen Dingen sehr zuverlässige Arrian aus dem benachbarten Nikomedeia in Betracht [3]); sie alle waren in Kleinasien bewandert und reden ganz deutlich von Ilion bei Hissarlik. Hellanikos, der über troische Alterthümer schrieb und ein sehr zuverlässiger Forscher gewesen ist, der auch selber das troische Land bereist hat, und wahrscheinlich nicht bloss einmal, ist allein für sich ein Zeuge, der mehr gilt, als der viel spätere Demetrios von Skepsis [4]). Hier auf der Pergamos von Hissarlik brachte in den Perserkriegen Xerxes seine Opfer dar [5]). Hier war es, wo im peloponnesischen Kriege

---

[1]) Wer sich auch bei uns schon mit dem Studium der Flurnamen beschäftigt hat, der weiss, wie oft diese Benennungen eine vielhundertjährige, meist ganz richtige Tradition in sich schliessen; ich habe davon ein schlagendes Beispiel erlebt in dem alten Römerplatz Oehringen. Nichts als der alte Name Heunengasse wies auf das Vorhandensein einer römischen Strasse; aber siehe da: 6 Fuss unter dem Boden fand man wirklich das römische Pflaster.

[2]) Skylax, der unter Dareios Hystaspis lebte, kommt weniger in Betracht, weil er nicht an Ort und Stelle gewesen zu sein scheint; er gibt (p. 35, c. 94) die Entfernung des Ilios seiner Zeit von der Meeresküste an auf 25 Stadien d. i. ³/₄ Stunden, was zwar mit der heutigen Entfernung Hissarliks ungefähr stimmt, aber nicht mit den Verhältnissen seiner Zeit. Derselbe verlegt ganz irrthümlicherweise die Städte Kebren und Skepsis, welche weit innen im Binnenlande lagen, an das Meer.

[3]) Grote, Gesch. Griechenlands I. 263 (Uebersetz.)

[4]) Hellanikos um 450 v. Chr. συνηγορεῖ τὸ τὴν αὐτὴν εἶναι πόλιν τὴν νῦν τῇ τότε. Strabo XIII p. 602. v. Eckenbrecher, Lage des Homer. Troja S. 32 f.

[5]) Herod. VII 42 f. ἐποιέετο δὲ τὴν ὁδὸν ἐκ τῆς Λυδίης ὁ στρατὸς ἐπί τε ποταμὸν Κάϊκον καὶ γῆν τὴν Μυσίην, ἀπὸ δὲ Καΐκου ὁρμεόμενος, Κάνης οὔρεος ἔχων ἐν ἀριστερῇ, διὰ τοῦ Ἀταρνέος ἐς Καρίνην πόλιν, ἀπὸ δὲ ταύτης διὰ Θήβης πεδίον ἐπορεύετο, Ἀτραμύττιόν τε πόλιν καὶ Ἀντανδρον τὴν Πελασγίδα παραμειβόμενος, τὴν Ἴδην δὲ λαβὼν ἐς ἀριστερὴν χεῖρα ἤιε ἐς τὴν Ἰλιάδα γῆν. καὶ πρῶτα μέν οἱ ὑπὸ τῇ Ἴδῃ νύκτα ἀνα-

der spartanische Flottenführer Mindaros eine Seeschlacht am Vorgebirge Rhoiteion beobachtete [1]) — wäre er bei dem vier Stunden entfernten Bunarbaschi gestanden, so hätte er übermenschlich scharfe Augen haben müssen, und vom niedrig gelegenen Hierdorf aus konnte er überhaupt gar nichts sehen. Hier auf Hissarlik, als der Stätte von Troja, opferten Alexander der Grosse [2])

μείναντι βρονταί τε καὶ πρηστῆρες ἐπισπίπτουσι, καί τινα αὐτοῦ ταύτῃ συχνὸν ὅμιλον διέφθειραν. Ἀπικομένου δὲ τοῦ στρατοῦ ἐπὶ τὸν Σκάμανδρον, ὃς πρῶτος ποταμῶν, ἐπεί τε ἐκ Σαρδίων ὁρμηθέντες ἐπεχείρησαν τῇ ὁδῷ, ἐπέλιπε τὸ ῥέεθρον οὐδ' ἀπέχρησε τῇ στρατιῇ τε καὶ τοῖσι κτήνεσι πινόμενος, ἐπὶ τοῦτον δὴ τὸν ποταμὸν ὡς ἀπίκετο Ξέρξης, ἐς τὸ Πριάμου Πέργαμον ἀνέβη ἵμερον ἔχων θηήσασθαι. θηησάμενος δὲ καὶ πυθόμενος ἐκείνων ἕκαστα τῇ Ἀθηναίῃ τῇ Ἰλιάδι ἔθυσε βοῦς χιλίας, χοὰς δὲ οἱ μάγοι τοῖσι ἥρωσι ἐχέαντο. ταῦτα δὲ ποιησαμένοισι νυκτὸς φόβος ἐς τὸ στρατόπεδον ἐνέπεσε. ἅμα ἡμέρῃ δὲ ἐπορεύετο ἐνθεῦτεν, ἐν ἀριστερῇ μὲν ἀπέργων Ῥοίτειον πόλιν καὶ Ὀφρύνιον καὶ Δάρδανον, ἥ περ δὴ Ἀβύδῳ ὅμορός ἐστι, ἐν δεξιῇ δὲ Γέργιθας Τευκρούς. Offenbar fallen nach der Ansicht Herodots die Pergamos des Priamos und die hochheilige Tempelstätte der Athene Ilias örtlich zusammen. Der Besuch und Aufenthalt zu Hissarlik lässt ein besonderes Motiv bei Xerxes voraussetzen, da der nächste Weg nach Abydos ihn so geführt hätte, dass Ilions Ruinen ziemlich weit links geblieben wären; ohne Zweifel wollte sich Xerxes als den Rächer des Priamos und der asiatischen Trojaner an den europäischen Griechen darstellen. Man hat den Ausdruck *ἀναβαίνειν ἐς τὸ Πριάμου Πέργαμον* auf die hochgelegene Burg bei Bunarbaschi bezogen und gesagt, es könne diess nicht auf die Burg bei Hissarlik gehen; mit Unrecht: mussten doch auch wir selbst *ἀναβαίνειν* von der Ebene aus zu dem Niveau der Schliemannschen Pergamos.

[1]) Xenoph. Hellen. I 1, 2 ff.: *μετ' ὀλίγον δὲ τούτων Δωριεὺς ὁ Διαγόρου ἐκ Ῥόδου εἰς Ἑλλήσποντον εἰσέπλει, ἀρχομένου χειμῶνος, τίτταρσι καὶ δέκα ναυσὶν ἅμα ἡμέρᾳ. κατιδὼν δὲ ὁ τῶν Ἀθηναίων ἡμεροσκόπος ἐσήμανε τοῖς στρατηγοῖς. οἱ δὲ ἀνηγάγοντο ἐπ' αὐτὸν εἴκοσι ναυσίν, ἃς ὁ Δωριεὺς φυγὼν πρὸς τὴν γῆν ἀνεβίβαζε τὰς αὑτοῦ τριήρεις, ὡς ἤνοιγε πρὸς τὸ Ῥοίτειον. ἐγγὺς δὲ γενομένων τῶν Ἀθηναίων ἐμάχοντο ἀπό τε τῶν νεῶν καὶ τῆς γῆς, μέχρις οἱ Ἀθηναῖοι ἀπέπλευσαν εἰς Μάδυτον πρὸς τὸ ἄλλο στρατόπεδον οὐδὲν πράξαντες. Μίνδαρος δὲ κατιδὼν τὴν μάχην, ἐν Ἰλίῳ θύων τῇ Ἀθηνᾷ, ἐβοήθει ἐπὶ τὴν θάλατταν καὶ καθελκύσας τὰς ἑαυτοῦ τριήρεις ἀπέπλει, ὅπως ἀναλάβῃ τὰς μετὰ Δωριέως.* Also betrachtete Mindaros die Seeschlacht am Vorgebirg Rhoiteion, während er zu Ilion der Athene opferte.

[2]) Grote, Gesch. Griechenlands, Uebersetz. I 266: „Wir haben keinen

und nach ihm die Seleukidenkönige [1]), die Consuln der römischen Republik [2]) und die römischen Kaiser [3]). Jener Fall mit Alexander ist der stärkste von allen, und er dient den Dichtern der Ilias zur Entschuldigung für ihre topographischen Ungeheuerlichkeiten. Alexander hatte unter Aristoteles die beste Erziehung erhalten, die zu seiner Zeit möglich war; er war ein leidenschaftlicher Bewunderer der Ilias, die er stets las; er war überdiess mit den Bewegungen von Heeren persönlich bekannt, und lebte in einem Jahrhundert, wo Landkarten, welche mit Anaximander, dem Schüler des Thales, aufkamen, wenigstens allen denen bekannt waren, welche Belehrung zu haben wünschten. Wenn nun ungeachtet solcher Vortheile Alexander vollkommen an die Identität von Ilion glaubte, ohne die vielen und offenbaren örtlichen Hindernisse zu beachten, um so weniger wahrscheinlich ist es, dass Homer selbst und die Homerischen Zuhörer, zu einer Zeit, die 5—6 Jahrhunderte früher, im Vergleich roher und unwissender war, wo Prosa-Urkunden und Landkarten gänzlich unbekannt waren, darauf sollten geachtet haben [4]). Dass auch Aristoteles an Hissarlik-Ilion glaubte, geht aus dem Benehmen seines Schülers Alexander aufs klarste hervor.

Grund zu glauben, dass Bunarbaschi dem Alexander als das Homerische Troja gezeigt worden sei oder dass ihm irgend ein Ort ausser Ilion oder, wie Strabo es nennt, ausser Neuilion gezeigt worden sei."

Arrian. expedit. Alexandri I c. 11: „ἀνελθόντα δὲ ἐς Ἴλιον, τῇ Ἀθηνῇ θῦσαι τῇ Ἰλιάδι καὶ τὴν πανοπλίαν τὴν αὑτοῦ ἀναθεῖναι ἐς τὸν ναὸν καὶ καθελεῖν ἀντὶ ταύτης τῶν ἱερῶν τινα ὅπλων ἔτι ἐκ τοῦ Τρωικοῦ ἔργου σωζόμενα · καὶ ταῦτα λέγουσιν ὅτι οἱ ὑπασπισταὶ ἔφερον πρὸ αὐτοῦ ἐς τὰς μάχας. θῦσαι δὲ αὐτὸν καὶ Πριάμῳ ἐπὶ τοῦ βωμοῦ τοῦ Διὸς τοῦ Ἑρκείου λόγος κατέχει, μῆνιν Πριάμου παραιτούμενον τῷ Νεοπτολέμου γένει, ὃ δὴ ἐς αὐτὸν καθῆκεν." Dikäarchos verfasste ein besonderes Werk über dieses Opfer des Alexander περὶ τῆς ἐν Ἰλίῳ θυσίας (Athenaeos XIII p. 693).

[1]) So Antiochus der Grosse, Livius XXXV c. 43. Ueber ein Geschenk von Antiochus Soter an die ilische Athene — die betreffende Inschrift wurde zu Hissarlik gefunden — siehe C. I. Gr. Nr. 3601.

[2]) So P. Scipio, Livius XXXVII c. 37: „Inde Ilium processit, castrisque in campo, qui est subiectus moenibus, positis, in urbem arcemque cum escendisset, sacrificavit Minervae praesidi arcis."

[3]) Vgl. Herodian. IV 8, 4 über Caracalla.

[4]) Grote, Geschichte Griechenlands, Uebersetz. I 265.

Soll ich noch der Reliquien erwähnen, die man in grosser
Zahl ·zu Hissarlik den Fremden zeigte? Auf der Akropolis,
welche den Namen Pergamos führte, zeigte man das Haus des
Priamos [1]) und den Altar des Zeus Herkeios, wo der unglück-
liche Greis erschlagen worden war [2]), ein solcher Altar scheint
von Schliemann wieder gefunden zu sein; er liegt noch heut
auf dem Trümmerfelde von Hissarlik [3]). Man zeigte weiter in
den Tempeln ganze Rüstungen, die von Homerischen Heroen
getragen worden waren, man reichte Alexander die Leier des
Paris [4]) — mindestens ein Beweis, dass der Anspruch dieser
Stätte auf den Namen der heiligen Ilios nicht von gestern datirte.

Ich kann von diesem Capitel über den allgemeinen Glauben
des Alterthums an Hissarlik-Ilion [5]) nicht scheiden, ohne zu erwähnen, in welch einzig pikanter Weise der römische Kaiser
Caracalla dem heiligen Troja, der Mutterstadt Roms, seine Verehrung bezeigt hat. Er wollte ein zweiter Achilleus sein und
gleich ihm und Alexander dem Grossen pomphafte Leichenspiele
auf dem Boden von Troja halten; es fehlte ihm nichts als ein
Patroklos, d. h. ein todter Patroklos. Siehe da, kaum war das

---

[1]) Grote I S. 258.
[2]) Grote I S. 259.
[3]) Ob es gerade der angebliche Altar des Zeus ist, lässt sich be-
greiflicherweise nicht eruiren, da er keine Inschrift hat.
[4]) Plutarch Alexand. c. 15.
[5]) Weitere mehr oder weniger deutlich für den Glauben der Alten
an Hissarlik-Ilion sprechende Stellen s. bei Eckenbrecher, Lage des
Homer. Troja S. 38—40: Ovid fast. VI 421 ff. Tacitus annal. II 54.
IV 55. XII 58. Sueton. Claudius 25. Plin. nat. hist. V 80, 124. Pom-
ponius Mela I 18. Dionysios Periegetes v. 815. Aristides ed. Dindorf
II 869. Stephanos und Suidas s. v. Theophrast hist. plant. IV 13. Athenaeos VIII p. 350. Pseud-Aeschines epist. 10 p. 38 Hercher. Philostrat.
vit. Apollon. Tyan. IV 11. Plutarch Lucull. 10. Sertorius 1. Polemon
(aus Ilion gebürtig, er hatte eine Periegese des Orts geschrieben) fragm.
31 p. 63 ed. Preller. Appian. Mithridat. c. 53. C. I. Gr. Nr. 3601.
3595. Noch jetzt besteht die Sage vom Untergang Hissarlik-Trojas bei
den Einwohnern des nächstgelegenen Dorfes Tschiblak (Eckenbrecher,
S. 40); Hissarlik selbst ist kein Dorf, sondern eigentlich bloss ein Flur-
name und bedeutet „Schloss, Burg, Palast."

troische Land betreten, so stirbt ihm plötzlich der liebste Freund —
man hatte ihm Gift gegeben. So konnte die Leichenfeier denn
vor sich gehen: man hielt die Klage, man hielt die Spiele, man
thürmte den Scheiterhaufen und baute einen riesigen Grabhügel,
alles ganz wie in der Ilias [1]).
Wir kommen zur letzten, zur wichtigsten Frage, zum anti-
quarischen Beweis. Hat man wirklich auf der Höhe über Bunarbaschi die Trümmer der ilischen Pergamos, Reste von Tempeln
und Palästen oder überhaupt Alterthümer aus urgriechischer
oder vorgriechischer Zeit gefunden? Und hat man neben dieser
Höhe in der Niederung eine Stadt gefunden, welche Troja benannt werden könnte? Die Antwort ist ein strictes Nein. Es
sind wiederholt, sowohl von Schliemann als von dem österrei-
chischen Consul von Hahn Ausgrabungen nach allen Richtungen
angestellt worden, und man hat so enorm wenig gefunden, dass
Hahn, der einen Lebenszweck darin sah, Troja bei Bunarbaschi
auszugraben, schliesslich dahin gekommen ist, überhaupt die
einstige Existenz von Troja zu längnen. Durch einen Grabhügel, welchen er für den bei Homer erwähnten Grabhügel der
Baticia hielt, glaubte Hahn die Lage der im Thale befindlichen
Stadt Troja sicher bestimmt, und grub überall nach; allein, fährt
er fort (Ausgrabungen auf der Homerischen Pergamos, S. 33 f.),
„trotz eifrigen Suchens konnten wir dort ausser den oben erwähnten Grabhügeln nicht ein einziges Kennzeichen entdecken,
welches auf eine frühere menschliche Niederlassung hinwiese,
nicht einmal antike Thonscherben und Ziegeltrümmer, die nie

---

[1]) Herodian IV 8, 4. 5: „Ἐπελθὼν δὲ πάντα τὰ τῆς πόλεως [Ἰλίου]
λείψανα, ἧκεν ἐπὶ τὸν Ἀχιλλέως τάφον, στεφάνοις τε κοσμήσας καὶ ἄνθεσι
πολυτελῶς πάλιν Ἀχιλλέα ἐμιμεῖτο. ζητῶν τε καὶ Πάτροκλόν τινα ἐποίησέ
τι τοιοῦτον. ἦν αὐτῷ τις τῶν ἀπελευθέρων φίλτατος, Φῆστος μὲν ὄνομα,
τῆς δὲ βασιλείου μνήμης προεστώς. οὗτος ὄντος αὐτοῦ ἐν Ἰλίῳ ἐτελεύτησεν,
ὡς μέν τινες ἔλεγον, φαρμάκῳ ἀναιρεθεὶς ἵν᾿ ὡς Πάτροκλος ταφῇ, ὡς δὲ
ἕτεροι ἔφασκον, νόσῳ διαφθαρείς. τούτου κομισθῆναι κελεύει τὸν νέκυν,
ξύλων τε πολλῶν ἀθροισθῆναι πυράν· ἐπιθεὶς τε αὐτὸν ἐν μέσῳ καὶ
παντοδαπὰ ζῷα κατασφάξας ἐφῆψέ τι, καὶ φιάλην λαβὼν σπένδων τε
τοῖς ἀνέμοις εὔχετο. πάνυ τε ὢν ψιλοκόμης, πλόκαμον ἐπιθεῖναι τῷ πυρὶ
ζητῶν ἐγελᾶτο· πλὴν ὦν εἶχε τριχῶν ἀπεκείρατο.“

fehlenden und daher unumgänglichen Zeugen einer antiken
Niederlassung: kein Säulen- oder sonstiges Baustück, kein
alter Quader, kein in den gewachsenen Felsen eingehauenes
Quaderbett, keine künstliche Ebnung desselben, überall der
naturwüchsige, von keiner Menschenhand berührte Boden." Daher sind auch Bröndsted, der an Bunarbaschi-Ilion glaubte, hie-
durch doch grosse Zweifel aufgestiegen. „Die zahlreichen Säulen-
schäfte und sonstige alte Baufragmente im Dorf Bunarbaschi
[einem elenden Weiler von 23 Häusern] dürften, ihrem Stil
nach zu urtheilen, aus Neu-Ilion [oder Alexandreia Troas, den
beiden allgemeinen Steinbrüchen der troischen Ebene] herge-
schleppt sein." Diese Ausführung Hahns wird vollständig bestätigt
durch Schliemann, der ebenfalls dort überall nachsah und
nichts fand; und auch unmittelbar hinter dem Dorf auf den
Höhen bis zum Balidagh war ebenso wenig die Spur einer Stadt
zu finden: „Fast überall", erzählt Schliemann (Ithaka, der
Peloponnes und Troja, S. 152) „drangen wir bei einer Tiefe von
60 Centimeter bis 1 Meter in den Felsen ein; aber nirgends
zeigten sich auch nur die kleinsten Spuren von Ziegeln oder
Töpferwaaren, nirgends das geringste Anzeichen, dass der Ort
jemals von Menschen bewohnt gewesen sei." Also von einem
Troja an der Stätte von Bunarbaschi oder in seiner unmittel-
baren Nähe kann keine Rede sein; niemand hat den Beweis
geführt, dass in jener Gegend jemals eine Stadt gestanden hat.
Im Gegentheil, alle bis jetzt angestellten Untersuchungen sprechen entschieden gegen diese ohnehin von jeder Tradition ver-
lassene Hypothese. Bleibt also nur noch jene Höhe von Balidagh, eine halbe Stunde hinter Bunarbaschi, in der prächtigen
dominirenden Lage. Dort steht nun allerdings die öde Baustelle
eines sehr kleinen Städtchens, auf zwei Seiten umgeben von
Abgründen, sonst von einer in Trümmer gesunkenen Ringmauer.
Die Schuttanhäufung ist hier äusserst unbedeutend, und man
sieht an vielen Stellen den nackten Fels hervorragen. Was
man an Scherben findet, stammt von hellenischen Töpfen; bis
zum Urboden findet man nichts als hellenische Scherben, von
vorhellenischen Scherben keine Spur. Da die Archäologie den

ältesten dieser Scherben höchstens 5—600 Jahre v. Chr. zuge-
stehen kann, so können auch die Mauern der kleinen Stadt und
ihrer Akropolis schwerlich älter sein als 5—600 Jahre v. Chr. [1]).
So viel ergibt sich aus dem Berichte von Schliemann. Und was
fand Hahn, der einen ganzen Monat aufs emsigste dort grub [2])
— glaubte er doch mindestens die Priamische Pergamos hier
entdecken zu müssen — was fand dieser! — auch eine ganze
vorgriechische Cultur, wie Schliemann in Hissarlik? — O nein!
Er fand ein einziges (sage ein einziges!) Terracotta-Figürchen [3]),
vier Stück Thonröhren [4]), einen thönernen Wasserkrug [5]), zwei un-
verzierte irdene Lampen [6]), einige vasenförmige henkellose Gefässe [7]) und wenige Scherben [8]), etliche Münzen aus dem zweiten
und dritten Jahrhundert v. Chr. [9]) und ausserdem einige Mauerreste,
meist späte und schlechte hellenische Arbeit [10]). Das Beste sind

---

[1]) Ich weiss nicht, worauf sich diese Angabe Schliemanns gründet;
aber auch wenn wir einräumen, dass die Scherben um 1000 oder 900 v.
Chr. gefertigt worden sind, die Hauptsache wird durchaus richtig bleiben,
dass wir keinen Grund haben, dieselben in die Zeit des trojanischen
Krieges zurückzudatiren.

[2]) Vom 29. April bis Ende Mai 1864 (Hahn, Ausgrabungen S. 5. 19).

[3]) ohne Kopf, Hahn a. a. O. S. 22.

[4]) ebendaselbst S. 22.

[5]) eine Thonhydria, ein ganz gewöhnliches Wasser- oder Oelgefäss,
S. 21.

[6]) Hahn, S. 22.

[7]) ohne Kunstwerth, Hahn, S. 22.

[8]) Hahn, S. 22: „Scherben von antiken Thongefässen der verschie-
densten Gattung ... meist mit schwarzer Glasur, auch ... ein Bodenstück
von weissgelbem sehr feinem Thon ..."

[9]) Hahn, S. 23. Es waren 16 Kupfermünzen; 12 konnte man bestimmen: sie stammten sämmtlich aus dem zweiten und dritten Jahrhundert vor Christus.

[10]) Einige Fundamente vergleicht Hahn mit den Parthenonfunda-
menten S. 8; das Thor vergleicht er zwar mit den uralten Thoren von
Amphissa und Phigalia: doch zeichne es sich durch Eleganz
seiner Anlage und Ausführung vor diesen aus; er gibt also
seinen entschieden jüngeren Charakter zu, S. 9; ebendaselbst spricht er
von einer auf dem Balidagh aufgefundenen architektonischen Einrichtung,
wie er sie nur noch einmal, nemlich auf der Akropolis von Lissos in

wenige Fundamente, die aus grossen vieleckigen Blöcken bestehen. Aus diesen wenigen polygonen Blöcken hat man voreiligerweise auf eine Priamische Urzeit zurückgeschlossen, während doch auch in späten Zeiten diese Bauart sich nachweisen lässt, besonders bei Fundamenten, für welche sie sich ihrer ausserordentlichen Festigkeit halber sehr empfiehlt [1]). Hahn

Albanien, einer Gründung Dionysios des älteren, bemerkt habe. S. 15 berichtet er, dass der Quaderbau der von ihm ausgegrabenen Bastion und Terrasse die grösste Aehnlichkeit mit den Mauern von Neandria-Tschigri habe: Neandria gilt als eine Gründung der äolischen Griechen, und allerdings können ja sehr wohl die beiden Plätze Balidagh und Tschigri in derselben Periode und von demselben Volksstamm angesiedelt worden sein. S. 20 vergleicht Hahn eine Substruction mit der Ostmauer des Dionysostheaters zu Athen. Alle diese Beobachtungen und Vergleichungen sprechen somit dafür, dass die Mauern unsres Pseudotroja späteren Datums sind, als die ältesten Bauten Griechenlands, durchaus nicht gleichalterig mit Tirynths kyklopischem Mauerwerk.

[1]) An der Südwestecke entdeckte Hahn „eine trefflich gefügte Mauer polygoner Steine", deren grösster 1 Meter Höhe und 0,90 Meter Breite hatte. „Vermuthlich bildeten diese schiefgeböschten Mauern die Unterlage für die eigentliche senkrechte Stadtmauer, von welcher jedoch keine Spur mehr vorhanden." Hahn S. 11. 12. Abgebildet sind die Polygonalreste bei Hahn Tf. III.

Es ist überaus wahrscheinlich, dass zur Zeit der Ansiedelung der Aeoler in Troas diese Griechen in der sogenannten kyklopischen Weise gebaut haben; daher findet man auch den Polygonbau, besonders auf Fundamente angewendet, wie hier auf dem Balidagh, noch sonst in Troas, so zu Neandria auf dem Berge Tschigri etwas südlich von Bunarbaschi, zu Ophrynion u. s. w. Vgl. S. 47 Anm. 1.

Auch in andern Gegenden Kleinasiens, wie in Lykien und Karien, ist der kyklopische Bau nicht ungewöhnlich; es finden sich z. B. solche Mauern zu Stratonikeia (Fellows, Tagbuch einer Reise in Kleinasien, 255). Die drei Namen Neandria, Ophrynion und Stratonikeia weisen auf griechische Gründung hin; Stratonikeia ist sogar erst in der Seleukidenzeit erbaut worden, allerdings vielleicht auf der Stelle einer früheren Niederlassung.

Ueber die spätere Anwendung des Polygonbaus vgl. Guhl und Koner, Leben der Griechen und Römer, 3. Aufl., S. 65, wo auch gezeigt ist, dass der allerälteste griechische Polygonbau, den wir doch voraussetzen müssen, wenn wir uns überhaupt auf den Standpunkt stellen

selbst war, wie gesagt, ehrlich genug, das bedauerliche Nichts
einzugestehen, das er gefunden hatte [1]); und niemand glaube,
dass sich dort bei längerem und tieferem Graben etwas bedeutendes
finden lasse; denn die Schuttdecke ist ausserordentlich dünn, dann
kommt entweder der Fels oder das unberührte Erdreich [2]). Dass die
Niederlassung aufgehört hat bewohnt zu sein vor der römischen
un l der byzantinischen Zeit, das geht aus den gefundenen Münzen
hervor, und man wird die Existenz dieser Felsenburg und des ganz
kleinen zugehörigen Dorfes auf die Zeit von 600—100 v. Chr. Geburt bestimmen können. Vielleicht zogen die Bewohner nach den
damals aufblühenden und mit bedeutenden Privilegien begabten
Städten Alexandreia Troas und Ilion. Luxus und Kunst haben
sich auf diesem unwirthlichen Felsen offenbar niemals entfaltet —
und hier sollte Troja gestanden sein, die grosse, gewaltige, reiche,
heilige Stadt des Priamos? Mag die Sage auch viel verschönern,
viel verklären: man wird sich vergeblich umsehen, ob sie aus
einem solchen Nichts, wie dem Dörfchen auf Balidagh, jemals
ein solches Etwas, wie das Homerische Troja ist, geschaffen hat [3]).

wollen, dass Troja griechisch war — dass dieser allerälteste ti-
rynthische Polygonbau durchaus nicht auf dem Balidagh
sich vorfindet.

[1]) Vgl. seine Klage S. 19, „dass die Ergebnisse der letzten Tage
.. trotz der gesteigerten Arbeitskräfte den früheren bei
weitem nachstehen.“

[2]) Hahn selbst hebt es S. 14 f. als etwas ganz ausserordentliches
hervor, dass er an einer Stelle eine Humusdecke von 1 Meter Tiefe
(durch Thiermist hervorgebracht) auffand. „Welcher Zeitraum mag
unter solchen Umständen wohl zur Bildung einer Humusdecke von 1 Meter
erforderlich sein?“ Wenn hieraus schon auf Homerische Zeit geschlossen
wird, welche Jahrtausende lassen sich dann vollends bei der Humusdecke
von Hissarlik ausrechnen?

[3]) Um es plausibel zu machen, dass Bunarbaschi sehr wohl das
alte Ilion, Hissarlik das neuere sein könne, hat man auch schon eine
nothwendige Verschiebung der menschlichen, eine Gegend beherrschenden
Ansiedlungen behauptet (Stark in der Recension in der Jenaer Literaturzeitung 1874, S. 348). Ich gebe gerne zu, dass solche Ansiedlungen sich
verschieben, wenn die dominirenden Principien wechseln, z. B. feudales
Ritterthum und industrielles Bürgerthum. Ich finde aber kein Beispiel

Hahn ist nun also in seiner Verzweiflung, Ilion an der von den modernen Gelehrten fast einstimmig bezeichneten Stätte

in keiner Periode der Weltgeschichte, dass ein hochheiliger Cultusplatz auf solche Wanderungen sich eingelassen hätte. Im Gegentheil, wenn z. B. auf dem Balidagh das uralte berühmte Heiligthum der Athene Ilias gestanden hätte, so wäre auch nach der Verbrennung des Platzes durch die Griechen die heilige Stätte selbst etwa als Wallfahrtsort bestehen geblieben, wie wir es ähnlich auch bei Athen sehen, wo die uralten Heiligthümer zu Rhamnus, Sunion, Munichia in solcher Weise fortbestehen bleiben, wo auch Eleusis sich in seiner Heiligengloire behauptet, trotzdem eigentlich ganz Attika allmählich in dem Begriff Athen aufgieng, und trotzdem dass gerade auf der Akropolis ein religiöses Centrum mit aller denkbaren Macht hergestellt wurde. Ich bin überzeugt, dass gerade der religiöse Charakter, welcher schon bei Homer an der heiligen Ilios haftet, jeder etwa beabsichtigten Verlegung der Stadt und ihres Namens und besonders ihrer Traditionen auf das entschiedenste im Weg stehen musste. Wie zäh hängt sich solche priesterliche Tradition an die einmal erfassten Oertlichkeiten: eines der schlagendsten Beispiele sind die vielen Bisthümer der katholischen Kirche in partibus infidelium. Aber auch aus dem Alterthum weiss ich kein einziges Beispiel für die Verlegung eines hochheiligen Cultus von einem Ort an den andern in der Weise, dass der frühere Ort dadurch in Vergessenheit gerathen wäre.

Weiterhin machte man zu Gunsten von Bunarbaschi geltend, die charakteristische Lage aller ältesten griechischen Städte sei eine solche, wie sie das goldreiche Mykene auf seiner Felsenhöhe im innersten Winkel der argivischen Ebene kaum noch in Sicht des Meeres einnimmt (Conze in den preuss. Jahrbüchern 1874, S. 401). Vgl. Gelzer, Wanderung nach Troja, S. 17: „Treffend sagt Curtius: Die nach der Seeseite hin so unscheinbare Stadtlage [von Bunarbaschi-Balidagh] hat ihre nächste Analogie in Mykene, wo man auch erst unmittelbar vor den Mauern der alten Stadt ihre geschichtliche Bedeutung inne wird. Beide waren im tiefsten Winkel der Seeebene als Lauerorte angelegte Bergwarten, welche allmählich in ihre geschichtliche Bedeutung hineinwuchsen und Mittelpunkte von Reichen wurden." Ich will über dieses behauptete System ältester hellenischer Stadtanlagen nicht streiten: aber um so mehr müssen wir betonen, dass die Vorbedingung zur Anwendbarkeit dieses Satzes auf Ilion vorläufig noch fehlt, nemlich der Beweis, dass Ilion eine griechische Niederlassung gewesen ist, nicht vielmehr eine ungriechische; vgl. u. a. die verschiedenen ungriechisch-asiatischen Namen in der Genealogie des Aeneas Il. XX. 215 ff.: Kapys (auf phrygischen Münzen $Kanv\lambda o\varsigma$) und Assarakos (welcher Name angeblich ein assyrischer ist und auf Inschriften von Ninive gefunden wurde), Müllenhoff, deutsche Alterthums-

wieder zu finden, so weit gegangen, die Existenz des Homerischen Ilion überhaupt zu leugnen [1]). Und Hahn ist der einzige Zweifler nicht. Mir aber scheint diess ein grosser Irrthum. Es ist gar leicht, auf dem glatten Boden der Sagenforschung auszugleiten und in allzugrosse Skepsis zu verfallen. Man stösst sich an sagenhafter poetischer Zuthat und hält auch den historischen und geographischen Kern, den man sorgfältig behalten sollte, für eitel Trug und Dichtung. Hier können wir uns nur dadurch vor Irrthum schützen, dass wir bei andern naturwüchsigen Heldenliedern nachforschen, wie weit auch sie auf wirkliche Begebenheiten, auf wirkliche Oertlichkeiten sich stützen. Und so wenig nun das Thal von Ronceval mit seiner Rolandschlacht dadurch aus der Geschichte gefegt wird, dass es von den Dichtern in mythische Glorie gehüllt ward; so wenig Worms als Burgunderstadt und die schreckliche Niederlage dieses Volkes unter König Gunther durch die Hunnen darum aus der Geschichte schwinden, weil unser grösstes heimisches Epos sie sagenhaft verklärt hat; so wenig die Bravallaschlacht im Norden, die Ravennaschlacht im Süden und Walthari's Wasgenstein drüben im Elsass [2]) Mythen sind, weil sie der Mythus vergoldet hat, so wenig ist auch das

---

kunde I. S. 17. Auch der Name Ilios selbst lässt sich nicht aus dem Griechischen erklären.

[1]) Hahn S. 34 f.: „Ich gehöre nemlich zu denjenigen, welche den Sagen der Ilias (wie aller echten Sage überhaupt) als dem ausschliesslichen Erzeugnis der Phantasie unsrer Urväter jede geschichtliche Bedeutung absprechen. In den Sagen der Ilias erblicke ich nur die hellenischen Formen arischer Ursagen, die von den Hellenen bei ihrer Trennung von dem Mutterstamme zugleich mit der Sprache in ihr Sonderdasein mit hinüber genommen wurden, die sie auf der Wanderung gegen Westen begleiteten, und die sich endlich in der troischen Ebene frisch ansiedelten." Diese Ausführung findet sich bei Hahn unmittelbar, nachdem er seine vergeblichen Bemühungen geschildert, in der Tiefe (unterhalb der von ihm für Pergamon gehaltenen Felsenburg auf Balidagh) eine Stadt Troja bei Bunarbaschi zu entdecken. —

[2]) Diesen hat einer unsrer grössten Sagenforscher, Ludwig Uhland, im Wasen- oder Wasichenstein an der elsässisch-lothringischen Grenze bei Niedersteinbach wiedergefunden, und Scheffel und Holder stimmen ihm bei, Waltharius S. 159 f.

Homerische Ilion und der Kampf der Griechen um Troja eine
blosse Mythe [1]); auch dem Krieg der Sieben gegen Theben liegt

[1]) „Ueberall, wo es eine Heldensage und epische Dichtung gibt,
haftet sie an der grössten und entscheidendsten Epoche im Leben eines
Volks. Es ist in den Zusammenhang der Geschichte eingetreten und
die Zeit des bloss natürlichen, unbewussten Daseins und Zustands ist
vorüber", Müllenhoff, deutsche Alterthumskunde I, S. 8. Also überall
wird das naturwüchsige Epos geboren aus einer grossen, schweren, er-
eignisreichen Zeit, mit einer grossen Umwälzung; oft fällt seine Geburt
zusammen mit dem Untergang oder doch fast der Vernichtung eines
Volks, z. B. der Burgunden, mit dem Untergang der Freiheit der Ser-
ben u. s. f. Gewöhnlich sind es grosse Völkerkämpfe, die besungen
werden: so in Indien der grosse Völkerkampf bei Kuruxêtra. Müllenhoff a. a. O. I, S. 12. Wörtlich schliesst Müllenhoff den lehrreichen
Abschnitt mit Beziehung auf unsere Hauptfrage so: „Wie die Nibelungen
Not auf dem Untergang des burgundischen Königs Gundicarius durch die
Hunen, das Mahâbhârata auf dem grossen Völkerkampf bei Kuruxêtra,
so beruht auch die troische Sage ohne Zweifel auf einem historischen
Ereignis. Die Stadt des Priamos muss einmal zerstört sein." Gegenüber dieser auf historischen Parallelen ruhenden Auseinandersetzung
Müllenhoffs, eines der scharfsinnigsten und gelehrtesten Männer vom
Fache, kann die seltsame Phantasmagorie v. Hahns, der nun eben doch
von Hause aus kein Fachmann war, sondern in autodidaktischer Lieb-
haberweise seine Sagenforschungen betrieb, und zwar viel mehr lin-
guistisch als historisch, nicht schwer ins Gewicht fallen. Einen überzeu-
genden Beweis für seinen Hauptsatz, dass die Sagen der Ilias nur die
hellenischen Formen arischer Ursagen seien, hat er nicht beigebracht.
Man kann ja immerhin die Einflechtung arischer Ursagen in die Ilias
zugeben, man wird mit Recht in Achilleus, der, in der Höhle des guten
Berggeistes auf der Höhe des Pelion erzeugt und erzogen, zum Helden-
jüngling heranwächst, dem keiner an Kraft der Hände und Schnelligkeit
der Füsse vergleichbar ist, dem aber auch ein früher Tod bestimmt ist,
nichts sehen als den Waldstrom, der in kurzem raschem Lauf vom Pelion-
gebirg herab ins Meer stürzt (Müllenhoff I, S. 24 f.) [so ist ja auch der
Ikaros, der, das Fliegen versuchend, ins Meer stürzte, nichts anderes als
der Hundsstern, der mit seiner ganzen Pracht und Hoffahrt gleichsam
in das Meer versinkt: Hesych.: Ἰακάρ · ὁ κύων ἀστήρ]; man mag auch
mit Recht in der Sage vom Untergang der Burgunden, im zweiten Theil
unsrer Nibelungen eine Nachbildung der älteren Welsungensage von
Sigmund und Sinterfissel erkennen (Müllenhoff I, S. 20): der Untergang
der Burgunden bleibt dennoch als historisches Factum bestehen, trotz

gewiss ein historisches Factum zu Grunde [1]), und an der Existenz von Theben hätte natürlich nur ein Blinder zweifeln können. Und was soll das für ein Grund sein, Troja's Existenz in Zweifel zu ziehen, weil man an einem selbsterträumten Platze, der mit aller Tradition im schroffsten Widerstreit liegt, nichts findet! So muss auch Troja bestehen bleiben dürfen. Und warum soll denn die Tradition mit Hissarlik nicht Recht haben? Wenn der Hügel von Hissarlik auch keine Akropolis bot auf hohem, kaum ersteiglichem Berge, wie Sardis oder Korinth — das ist nemlich eine Haupteinwendung gegen Hissarlik — nun, so gibt es wahrlich manche andere Städte, die in diesem Stück nicht besser daran waren; man denke an jene Hügelstädte ersten Rangs, wie Rom, Jerusalem und Konstantinopel [2])! Die Alten

der dichterischen, vielleicht unhistorischen Ausschmückung, und ebenso bleibt die Zerstörung Troja's durch die Griechen als historisches Factum trotz aller unhistorischen und rein mythischen Zuthat.

Gelzer, Wanderung nach Troja 24: „Jedenfalls können wir aus dem wirren Sagenknäuel als historische Thatsache entnehmen, dass ungefähr im elften Jahrhundert vor unsrer Zeitrechnung die Metropole des hellespontischen Landes von den hellenischen Stämmen der Achäer und Danaer zerstört ward."

[1]) Wenn auch die Siebenzahl der Helden gewiss nur in Folge der vorhandenen sieben Stadtthore Thebens entstanden ist.

[2]) v. Eckenbrecher, Lage des Homerischen Troja, S. 59 f: „Mit Unrecht hat man als unerlässlich für einen solchen Punkt behauptet, er müsse eine durch Abgründe begrenzte Akropolisstelle haben. Denn nirgends sagt Homer, dass Ilions Akropolis an einer solchen Stelle liege; der einmal (Il. V 460) vorkommende Ausdruck $\Pi\acute{\epsilon}\rho\gamma\alpha\mu\sigma\varsigma$ $\mathring{\alpha}\kappa\rho\eta$ bedeutet nichts als „die Akropolis Pergamos", wie hoch aber oder wie steil die Höhen seien, auf denen sie liege, wird damit nicht gesagt. Ebensowenig enthalten die Ausdrücke „die hohe, windige [was ich aus Erfahrung von der Höhe Hissarliks bestätigen kann], die erhabene Ilios" (Il. IX 419. 686. XV 215. 558 : $\alpha\mathring{\iota}\pi\epsilon\iota\nu\acute{\eta}$. III 305. VIII 499. XII 115. XIII 724. XXIII 64. 297 : $\H{I}\lambda\iota\sigma\varsigma$ $\mathring{\eta}\nu\epsilon\mu\acute{\sigma}\epsilon\sigma\sigma\alpha$. XXII 411 : $\H{I}\lambda\iota\sigma\varsigma$ $\mathring{\sigma}\varphi\varrho\upsilon\acute{\sigma}\epsilon\sigma\sigma\alpha$ [d. i. die überragende, vorspringende, wir würden eher erkerartig als augenbrauenartig sagen] irgend eine Angabe, wie hoch oder wie steil die Höhe sei, auf der sie sich befinde. Die Stelle der Odyssee aber (VIII 508), in der von der Berathschlagung, ob man das auf die Akropolis gezogene hölzerne Pferd von dieser in die Tiefe hinabstürzen solle, die Rede ist, lässt sich ganz ungezwungen von

selbst haben stets eine Pergamos oder Akropolis auch bei Hissarlik anerkannt.

Und nun, was hat denn Schliemann dort gefunden? Nun,
zunächst hat er allerdings eine kleinere Stadt gefunden, als er
selbst und wir alle gerne gefunden hätten. Es hat sich ihm nemlich herausgestellt, dass die uralte Niederlassung auf Hissarlik
keineswegs den grossen Umfang gehabt hat, den ihr der Homerische
Mythus beilegt, und dass sie namentlich auch sehr viel kleiner
gewesen ist, als die spätere griechisch-römische Niederlassung;
auch ist zu beklagen, dass Schliemann bis jetzt bloss zwei Drittel
des Weichbilds der von ihm ermittelten trojanischen Stadt ausgegraben hat. Aber wenn auch die horizontale Ausdehnung der
Stadt und der Ausgrabungen zu wünschen übrig lässt, so sind
dafür in verticaler Richtung alle Erwartungen übertroffen worden.

Auf diesem Fleckchen Erde von 200 Meter Länge und
300 Meter Breite, das sich Schliemann mit vieler Mühe zu erwerben wusste, hat er eine Schuttmasse von 40—50 Fuss Tiefe

---

einem Ziehen des Pferdes auf den Rand der Akropolis (- — ἐρύσαντες
ἐπ' ἄκρης —) und einem Hinunterwerfen auf unter den Mauern vorhandenes
Gestein verstehen, und es ist durchaus kein Grund vorhanden, anzunehmen, Homer habe hier hohe, steile, zackige Felsabhänge im Sinn
gehabt: felsiger Boden aber liegt an unsrer Akropolisstelle zu Tage [und
hat sich auch bei den Schliemannschen Ausgrabungen vorgefunden]" —
Mir selbst kam die halbhohe Lage Hissarlik-Ilions gar nicht so
verkehrt und unmöglich vor, wie denen, welche bloss von griechischen
Stadtanlagen ausgehen. Es ist diese Terrassenhöhe und -lage, welche
wir bei Ilion treffen, das von den Römern bei ihren Forts in Deutsch-
land und sonst ganz regelmässig befolgte System: so liegt die einstige
Römercolonie Altofen, man möchte sagen absichtlich, in niedriger Lage
hart neben dem Ofener Burgberg, den allerdings die Griechen sicher für
ihre Akropolis ausgewählt hätten. So liegen im Decumatland die Römer-
plätze Arae Flaviae (Rotweil), Sumlocenne (Rotenburg), Vicus Aurelii
(Oehringen), Aquae Aureliae (Baden-Baden), auch Badenweiler, sämmtlich tief unter dem Niveau der zum Theil bloss Minuten weit entfernten
mittelalterlichen Burgen. Warum sollten nun die troischen Ansiedler
sich mehr dem griechischen und zugleich mittelalterlichen, als dem andern, gewiss auch sehr praktischen römischen System zugeneigt haben?
Vgl. auch Schliemann, Ithaka, der Peloponnes und Troja 190.

mit einem enormen Reichthum von antiken Gegenständen aller Art entdeckt. Wer bloss die Photographien kennt, die in der deutschen Ausgabe viel weniger gelungen sind, als in der englischen, wer nicht selber gleich uns das Glück gehabt hat, diese Myriaden [mehr als 25,000 [1])] merkwürdiger Gegenstände zu schauen, die er in seinen Magazinen zusammengehäuft hat, der macht sich von dem Reichthum, von der Mannichfaltigkeit, von der Wichtigkeit seiner Sammlung unmöglich die richtige Vorstellung. Es ist bei Schliemann, als ob zwei Welten sich vor uns darstellten, zwei ganz verschiedene Culturepochen und Culturschichten: eine griechisch-römische und eine ungriechische oder trojanische Schichte. Ich muss die obere spätere Schichte, die griechische, übergehen, sie ist culturhistorisch und namentlich für unsere Frage die unwichtigere; Schliemann hat ihr auch verhältnismässig nur wenige Aufmerksamkeit geschenkt, und überdiess steckt der weitaus grösste Theil der griechisch-römischen Stadt Ilion, welche 20—30mal grösser an Umfang gewesen ist, als das Homerische [2]), noch unter dem Boden. So harren z. B. die deutlich erkennbare Laufbahn und das Theater (Stark, Reisestudien 163) — wie so viele griechische Theater halbrund in die Halde des Berges gehauen und mit herrlicher Aussicht auf das Meer, auf die Riesengrabhügel, auf den thrakischen Chersones und die Inseln der Ilias — sie und viele andere Gebäude harren noch immer eines zweiten Schliemann, der hoffentlich, ausser seinem Unternehmungsgeist, seiner Opferfreudigkeit und seiner wahrhaft deutschen Energie, auch einen tüchtig geschulten Archäologen mitbringen wird. Dennoch hat Schliemann auf seiner Pergamos gar manches nicht unwichtige Hellenische gefunden, manche feine, stilvoll gemeisselte Gestalt aus Marmor, allerlei Votivgeschenke für die Göttin Athene und ein prächtiges

---

[1]) Vgl. Schliemann in der „Allg. Ztg." 1873 Beil. S. 5395; „mehr als hunderttausend Gegenstände" zählt Schliemann dagegen an einer andern Stelle, trojan. Alterth. S. 177.

[2]) So scheint sich's mir wenigstens zu verhalten nach dem bei Schliemann selbst gelieferten Plan der ganzen griechisch-römischen Stadt Ilion, trojan. Alterthümer, Tf. 213.

Metopenrelief aus einem Apollotempel in dorischem Stile: Phöbus Apollo, wie er dahin fährt auf stattlichem Viergespann, das Haupt vom Sonnenstrahlenkranz umgeben — wirklich ein bewundernswerthes Bild aus der zweiten Blüthezeit griechischer Sculptur (I. Tf. 30. 31.). Auch die phrygische Göttermutter Kybele mit ihrem Löwen auf dem Schooss begegnet uns [1]), sie, die ja in dieser ganzen Gegend und auf den Nachbarinseln von ältester Zeit bis zu den Tagen des Christenthums besonders verehrt ward. Doch ich wollte nicht von der hellenischen Schichte sprechen; sie beginnt auch erst von der Zeit Alexanders. Keine sichere Spur weist auf frühere griechische Colonisation zurück; kein Denkmal der alterthümlichen griechischen Baukunst, keines aus ihrer ersten Blüthezeit ist gefunden worden, keine Inschrift weist auf frühere Zeit zurück — um so alterthümlicheres hat sich in der unteren, in der troischen Schichte erhalten [2]).

---

[1]) Tf. 172, Nr. 3335. 3337.

[2]) Ausser diesen zwei Hauptschichten ist eigentlich noch eine dritte untergeordnete, mittlere zu unterscheiden von 2—4 Meter Tiefe. Die Fundstücke aus dieser an Kunstprodukten ziemlich armen Trümmerschichte, welche Bursian (literar. Centralblatt 1874, S. 311) der Periode von der Mitte des sechsten bis Ende des vierten Jahrhunderts v. Ch. zuschreibt, „stimmen im wesentlichen mit denen der tieferen, also älteren, unzweifelhaft vorhellenischen Schichte überein, doch zeigen einzelne Stücke einen mehr oder weniger ausgeprägten griechischen Charakter; so die beiden bemalten Vasenscherben aus 3 Meter Tiefe (Tf. 150, Nr. 2976 und 2979), deren Ornamentik an die der ältesten Classe der griechischen bemalten Vasen erinnert; so ferner das Bruchstück einer thönernen Ausgussröhre in Form eines gehörnten Pferde- [vielmehr Kuh-] kopfes aus 4 M. Tiefe (Tf. 18, Nr. 540) und das in gleicher Tiefe gefundene Bild eines schweinartigen Thieres mit geflecktem Fell (Tf. 18, Nr. 537), ein zweihenkliger Skyphos von glänzend schwarzer Farbe mit einem zierlichen Fusse, wie wir ihn nirgends an Thongefässen aus tieferen Schichten finden, aus 3 Meter Tiefe (Tf. 130, Nr. 2569), ein Gefässboden oder Untersatz in Form des obersten Stückes des Schaftes einer canelirten dorischen Säule aus 4 Meter Tiefe (Tf. 132, Nr. 2616) u. a." Zur Erklärung dieser . Schichte haben wir wohl anzunehmen, dass sich nicht so gar lange nach der Zerstörung Ilions durch die Griechen das Heiligthum der Athene (oder Ate) Ilias wieder aus den Trümmern erhoben hat: solche Auferstehungen zerstörter Heiligthümer kennt ja die Geschichte in grosser

Eine erstaunliche Menge Zeugnisse des höchsten Alterthums, Gegenstände menschlicher Industrie, die noch einen sehr niederen und darum auch sehr alten Stand der Cultur repräsentiren, parallel dem Inhalt der ältesten Grabhügel in Europa und Asien, den Fünden unserer Höhlen, der Ausbeute der rohesten Pfahlbauten; und in der gleichen Schichte, doch etwas höher gelegen und also einer späteren Entwicklungsepoche zuzuweisen, etwas cultivirtere Sachen, doch nicht von hellenischem Geiste durchhaucht. Da fanden sich zu unterst neben einer Masse steinerner Werkzeuge Thongefässe von alterthümlichster Formlosigkeit, nicht auf dem Rade gemacht — also vorhomerisch, denn Homer schon beschreibt das Töpferrad [1]) — Thongefässe, ver-

---

Zahl. Der specifisch trojanische Charakter musste natürlich aufhören, nachdem einmal das Land im Besitz der griechischen Aeoler war. Auf die unbestimmte Behauptung Strabos, XIII, S. 601. 593, wonach ἡ νῦν κατοικία καὶ τὸ ἱερὸν κατὰ Κροῖσον μάλιστα gegründet worden seien, möchte ich wenig Gewicht legen, vgl. auch Grote, Geschichte Griechenlands I, 258 (Uebersetzung). Warum sollte nicht die Wiederaufrichtung der uralten Opferstätte wenigstens in graueres Alterthum zurückreichen? Eine ordentliche städtische Niederlassung aber datirt offenbar erst seit der Zeit Alexanders. Daher findet sich auch keine kyklopische Mauer zu Ilion, nicht weil die Sigeier und andere jeden Mauerstein verschleppt haben, sondern weil erstens die alten Trojaner diese Bauart überhaupt nicht kannten, zweitens weil in jener altgriechischen Zeit, wo die Niederlassung auf dem Balidagh ausgeführt wurde, nichts auf der Stätte von Ilion war, als die Tradition, und vielleicht wieder ein Tempel der Ate-Athene, der aber in Imitation und Erinnerung des früher bestandenen in alterthümlich trojanischer oder trojanisirender Bauart errichtet gewesen sein kann.

[1]) „Die trojanischen [Thonsachen der untersten Schichte] sind aus der Hand gemacht, darauf in lockeren, schwarzen, gelben, grünen, braunen oder rothen Thon gestellt, dann mit jenen schön geschliffenen Streichwerkzeugen von Diorit geglättet, nachdem zuvor auf gar vielen derselben mittelst eines spitzen Instruments Verzierungen eingravirt und diese mit weisser Thonerde ausgefüllt waren. Auf diese Weise und durch das in der Ofenhitze hervortretende Eisenoxyd entstand die einfache glänzend gelbe, grüne, rothe, schwarze oder braune Farbe der Gefässe." Schliemann in der Allg. Zeit., Beil. 1873, S. 5395. Die Töpferscheibe ist beschrieben bei Homer, Ilias XVIII 600.

ziert in primitiver Weise mit Zickzacklinien und Strichbändern, auch mit Kreisen und kugelförmigen Aufsätzen [1]), oft von riesigen Dimensionen [2]); die Kindheit der menschlichen Industrie sucht ja mehr in der Grösse als in der Schönheit ihre Kraft zu zeigen: Schüsseln, Häfen, Krüge, Teller, Kübel, Töpfe, dreifüssig, zwei- henkelig, siebartig durchbohrt [3]), oft aus sehr grobem Thon, trifft man hier unten bei den ältesten Bewohnern von Troja. Sie hatten auch noch die Steinwaffen und Steinwerkzeuge, die in herrlich geschliffenen Exemplaren vorliegen [4]): Hämmer,

---

[1]) Gefässscherben mit Kreis- und Zickzackverzierungen aus 11—14 Meter Tiefe, II. Tf. 114; besonders das Fragment einer ungeheuren Urne mit Zickzacklinien, Nr. 2325.
Kugelförmige Verzierungen oben, Strichband in der Mitte, an einer riesigen Vase — Fundtiefe nicht angegeben, I. Tf. 88, Nr. 1838.

[2]) Sehr grosse Vasen aus 11—14 Meter Tiefe, I. Tf. 97, Nr. 2027; aus 7 Meter, I. Tf. 60 und 55; aus 8 Meter, I. Tf. 71. Vgl. auch die riesigen Vasen unsrer deutschen Grabhügel, Keller, Vicus Aurelii Tf. VI, Fig. 1. 2. Auch der älteste Erzguss geht ins riesige (Herodot IV 152).

[3]) Eigenthümliche dreifüssige Häfen aus 14—15½ Meter Tiefe, I. Tf. 103. Eigenthümlich siebartig durchbohrte aus 8½ Meter, II. Tf. 210; Bienenkörbe? vgl. die Abbildung eines sehr ähnlichen pompejanischen Bienenkorbs bei A. Rich, illustr. Wörterbuch der röm. Alterth. s. v. fori. Grosse Vase mit Deckel, sehr interessant, aus 8½ Meter, II. Tf. 195. Zweihenklige ἀμ-φικύπελλα, wie sie von Schliemann im Anschluss an einen vielbestrittenen Homerischen Ausdruck genannt wurden, aus 9 Meter, I. Tf. 84; ebenso aus 8 Meter, I. Tf. 77. W. Christ a. a. O. S. 213, spricht sich für die Hypothese Schliemanns über die ἀμφικύπελλα aus.

[4]) Schliemann fand diese Steinwerkzeuge und -Waffen in der ganzen vorhellenischen Schichte; besonders rühmt er die schönen Poliersteine aus Diorit. Im allgemeinen seien die Steinsachen um so besser gearbeitet, je tiefer ihr Fundort sei: es wäre also die Kunst ihrer Anfertigung im Lauf der Zeit bei den Trojanern geschwunden, was ja auch in ganz natürlichem Zusammenhang mit dem Erfinden und Ueberhandnehmen der Metallgeräthe stehen würde. Von 4 bis 7 Meter sind die Steinwerkzeuge grob, in mehr als 7 Meter Tiefe aber sind sie entschieden besser gearbeitet (Schliemann, trojan. Alterthümer, S. 29).
In Kleinasien und Griechenland finden sich überhaupt massenweise Steinwaffen und Steinwerkzeuge. Eine solche Sammlung besass Gonzenbach in Smyrna (Stark in der Allg. Zeitg. 1872, S. 5167), eine noch viel grössere Menge, vornehmlich aus der Gegend von Sardis, sammelte Generalconsul Spiegelthal in Smyrna und beschenkte damit mehrere euro-

Steinäxte, Pfeilspitzen aus Feuerstein. Auch die Hauer des, wie es scheint, sehr häufigen Ebers wussten sie künstlich zu spitzen und gewannen dadurch ein werthvolles Instrument [1]). Ihre Wohnungen waren aus kleinen Steinen und Lehm gefertigt und gleichartig [2]) jenen uralten Häusern, die man auf den grie-

päische Museen, wie dieser Herr überhaupt auf alle Art und Weise die Wissenschaft und ihre Jünger zu unterstützen und zu fördern bestrebt ist: auch uns hat er durch seine grossartige Liberalität zum grössten Danke verpflichtet. Ferner sah ich Steinwerkzeuge beim Consul J. Fröbel in Smyrna, welcher uns gleichfalls in sehr zuvorkommender Weise aufnahm. Auch Athen besitzt im Barbakion eine interessante Sammlung von Steinwaffen und Steinwerkzeugen, theils vom Festland, theils von den Inseln, besonders von Euböa.

[1]) Auf Verwendung als Werkzeug scheint wenigstens der Umstand hinzudeuten, dass sie künstlich gespitzt sind — nach der Angabe Schliemanns, trojan. Alterth., S. 25. Sonst könnte man auch an Verwendung als Schmuck denken. So wurden z. B. in einem Grabhügel am Petersberge Schweinszähne neben Perlmutterverzierungen gefunden. Die Gegenstände habe ich in der Dresdner Alterthumssammlung gesehen. Die Eberjagd ist in den Erzählungen und bildlichen Darstellungen der Heroenzeit stets ein hervorragender Gegenstand. Sie war auch, nach den gefundenen Hauern zu schliessen, eine Liebhaberei unsrer europäischen Pfahlbaumenschen und Höhlenbewohner (vgl. Lubbock, pre-historic times, third edition, S. 210). Noch heute ist das Wildschwein häufig in Troas und Umgegend (Fellows, Tagbuch einer Reise in Kleinasien, S. 45: zwischen Adramyttion und Assos; ders. S. 73 von Troas: „der wilde Eber lässt jeden Morgen auf dem frisch aufgewühlten Boden Spuren zurück.“). In den Wäldern des mysischen Olymp, also nahe an Troas, findet er sich häufig (vgl. Hamilton, Reisen in Kleinasien, I. S. 79); und schon jener mythische Eber, der den Idmon, Apollo's Sohn, zerfleischte — eine Episode der Argonautensage (Hyginus fab. c. 14 p. 44, c. 18, p. 47), und der schreckliche, welcher des Krösus Land verwüstete (Herod. I. c. 36), brachen aus diesen Wäldern hervor („ἐν τῷ Μυσίῳ Οὐλύμπῳ ὑὸς χρῆμα γίνεται μέγα“ Herod.). Und in den Eichenwäldern des Ida — Eicheln sind ja ihr Lieblingsfutter — mag sich manch stattlicher Eber schon für die alten Trojaner gemästet haben. Auch die Sümpfe in der Ebene (Strabo XIII, p. 595) mochten ihnen genehm sein (vgl. Columella de re rust. VII, c. 9).

[2]) Nur dadurch unterscheiden sich die Häuser auf Thera und Therasia von den trojanischen, dass die Stubenwände 5 Centim. dick mit Kalk belegt und bemalt sind, während die trojanischen keine Spur von Kalk zeigen.

chischen Inseln Thera und Therasia unter drei Schichten
vulkanischer Asche, in einer Tiefe von nahezu siebenzig Fuss,
ausgegraben hat [1]). Eisen und Stahl hat man in Troja nicht

---

[1]) Diese trojanischen Mauern bestehen nicht aus den grossen sogenannten kyklopischen Polygonalsteinen, wie die ältesten echt griechischen
Niederlassungen in Mykene, Tirynth, im benachbarten Assos u. s. w. Es
handelt sich aber auch hier offenbar nicht von griechischer, sondern von
vor- und ungriechischer, man könnte fast sagen antigriechischer Baukunst.
Ausserdem ist nicht ganz ausser Acht zu lassen, dass das zerstörte
Troja zum Steinbruch für die Nachbarstädte Sigeion u. s. w. gedient
haben soll (vgl. Starks Recension in der Jenaer Literaturzeitung 1874,
S. 349). Schliemann selbst sagt: „Die trojanischen Bauten, wie der
grosse Thurm, das skäische Thor, die grosse Ringmauer, das Haus des
Stadtherrn oder Königs [welche Benennungen übrigens problematisch
sind: in den Prinzessenwohnungen — so wenigstens benannte sie H. Calvert
unter Berufung auf Schliemann — fanden wir in den Wänden Scherben
aus terra sigillata und zerbrochene Mühlsteine griechisch-römischer Art
aus Basaltlava] u. s. w. sind in 26³/₄' bis 30' Tiefe, und ersterer ist in
46³/₄' unter der Bergfläche auf den Felsen gebaut. Sie bestehen aus
mit Erde vereinigten Steinen, und es liegt uns meines Wissens aus dem
geschichtlichen Alterthum kein Beispiel dieser Architektur vor. Man findet
dieselbe jedoch in den im J. 1868 von Prof. Fouquet und im J. 1871
von den Professoren der hiesigen [athenischen] französischen Schule auf
den Inseln Therasia und Thera unter 68' dicken Schichten von Bimsstein
oder vulkanischer Asche aufgedeckten vier Häusern. Für die Chronologie
dieser Häuser haben wir erstens die Angabe der Geologen, welche das
Verschwinden des ungeheuren 3800' hohen Centralvulkans auf 2000 J.
v. Ch. feststellen. Aber dieser riesige Vulkan kann natürlich erst versunken sein und den im J. 205 v. Ch. in einem Erdbeben zerstückten
Erdring Thera zurückgelassen haben, nachdem er die ganze Insel 68' hoch
mit Bimsstein und Asche bedeckt hatte, und es ist unmöglich zu sagen,
ob er nicht erst Jahrhunderte nach der Verschüttung versunken ist..."—
„Das Fehlen kyklopischer Bauart, wie man sie in Mykene sieht, zeugt
eher für das hohe Alter [vielmehr für den ungriechischen Charakter]
der von mir aufgedeckten Mauern, Thürme, Thore und Häuser, keineswegs aber dafür, dass sie den geschichtlichen Zeiten, oder dass sie gar
dem Ilion der griechischen Colonie angehören. In der Troade nemlich
sind die in Troja selbst gänzlich fehlenden kyklopischen Bauten gar
nicht selten; denn man findet auf einem Hügel unweit des oberen Thym-
brios (jetzt Kemar), in der Akropolis von Ophrynion (jetzt Palaeocastron),
bei dem Städtchen Iné, in den Ruinen von Neandria auf dem Berge

gefunden, ein Moment von höchster Bedeutung; denn wenn man schon vorher einer berühmten Hesiodischen Stelle zufolge [1]) ahnen musste, dass das Priamische Ilion noch in die Bronzezeit gehöre, dass Homer einen Anachronismus begieng, wenn er Eisen und Stahl in seinen Gesängen erwähnte, so hat man hiefür nun durch Schliemanns Ausgrabungen den schönsten Beweis: das Priamische Troja kannte das Eisen nicht, nur jene Kupfermischung, die auch sonst in den Fundstätten des Bronzealters zu erscheinen pflegt; aus diesem Erz gefertigt [2]) sind die Lanzen, Schwerter, Dolche, Pfeile, Schilde, welche Schliemann zugleich mit steinernen Gussformen (I. Tf. 69. 90.) aus der alttrojanischen Schichte

Tschigri, auf einem dem Balidagh gegenüber, jenseits des Skamanders gelegenen Hügel und an vielen andern Orten, von denen ich nur noch die famosen Mauern ... auf dem Balidagh nennen will ... Ich habe innerhalb der übrigen kyklopischen Bauten der Troade keine Ausgrabungen gemacht; da sie jedoch alle denen auf dem Balidagh ähnlich sind, so wage ich zu behaupten, dass keine derselben älter ist als diese, und ich würde diess mit leichtester Mühe beweisen können, da in allen die Schuttanhäufung nur höchst geringfügig ist." Schliemann in der Allg. Zeit., Beil. 17. Dec. 1873, S. 5394. Demnach scheinen die ältesten Niederlassungen der Aeoler in Troas Polygonalbau zu zeigen — auf die Bauart der Trojaner lässt sich hieraus aber nicht das mindeste schliessen.

[1]) Hesiod, Werke und Tage 134 f.:

τοῖς δ᾽ ἦν χάλκεα μὲν τεύχεα, χάλκεοι δέ τε οἶκοι,
χαλκῷ δ᾽ εἰργάζοντο · μέλας δ᾽ οὐκ ἔσκε σίδηρος.

Lubbock, welcher zwischen trojanischer Zeit und der Zeit Homers nicht unterscheidet, glaubt, der trojanische Krieg falle wegen der Erwähnung eherner und eiserner Waffen nebeneinander in die Periode des Uebergangs vom Bronze- zum Eisenalter (pre-historic times 3. edit., p. 5). Es ist aber auch schon von andern hervorgehoben worden, dass das Bronze in der Ilias und Odyssee als der gewöhnliche Stoff von Waffen, Werkzeugen und Gefässen verschiedener Art erwähnt wird, das Eisen dagegen viel seltener (Smith, Dictionary of Greek and Roman Antiquities, citirt von Lubbock a. a. O.).

[2]) Nicht aber „aus reinstem Kupfer, welches bis jetzt, ausser in Thera, noch niemals gefunden worden ist", wie Schliemann in seiner ersten Freude über den Fund des Schatzes und der dabei liegenden Waffen in der Allgem. Zeit. 1873, Beil. S. 5393 schrieb. Durch die im Anhang zu seinen „trojanischen Alterthümern" herausgegebenen chemi-

zu Tage gefördert hat [1]). Silber und Gold traf Schliemann nicht so tief unten, wie die erwähnten Zeugen armseligster Töpferei, sondern weiter oben [2]); sein Schatz des Priamos und was sonst gefunden wurde — bekanntlich ward es von den Arbeitern zum Theil unterschlagen — bekundet einerseits eine nicht unbedeutende und ungriechische Technik, andrerseits einen namhaften Reichthum, der ja im allgemeinen mit der ganzen Anschauung der alten Heldengesänge über Troja vorzüglich stimmt [3]). Es

schen Analysen beweist er selbst, dass zwei untersuchte Streitäxte, welche neben dem Schatze lagen, aus einer Mischung von Kupfer und Zinn bestehen: darunter Kupfer 0,9580, Zinn 0,0384 und Kupfer 0,9067, Zinn 0,0864; also bei der zweiten Axt das gewöhnliche Verhältnis von ungefähr 9 Theilen Kupfer und 1 Theil Zinn (vgl. Lubbock, pre-historic times, third edit., p. 4). Mit dieser Analyse verschwindet der Anspruch des Schatzes auf ein ausserordentlich hohes Alter. Auch spricht das Vorkommen des Silbers gegen seine Zurückverlegung in die graueste Vorzeit: denn die Steinzeit kennt von Metallen nur das Gold. „Silber scheint lange nach dem Golde entdeckt zu sein, und augenscheinlich giengen ihm Kupfer und Zinn voraus, wenigstens hat man es selten, vielleicht nie, in den Grabhügeln des Bronzealters gefunden" (Lubbock p. 3). Dass alle europäischen sogenannten Kupferwaffen einen Zusatz von Zinn enthalten, sagt Lubbock p. 57. 58; nur Ungarn macht vielleicht eine Ausnahme (Romer, Führer im ungar. Nationalmuseum, 1873 S. 23).

[1]) Bei dem Goldschatze wurden gefunden folgende Bronzegegenstände: „Streitäxte, Lanzen, Dolche, ein Kofferschlüssel, ein grosser Nabelschild, grosse und kleine Casserolen, eine mit zwei unbeweglichen, als Haspen verwendeten Rädern versehene lange dicke Platte, die jedenfalls am Kofferdeckel befestigt gewesen und auf der im Feuer eine silberne Vase festgeschmolzen ist." So erzählt Schliemann, Beil. zur Allg. Zeitg. 1873, S. 5393. Die Streitäxte, Lanzen, Dolche und der Buckelschild sind über allen Zweifel erhaben; ob der Kofferschlüssel, die Casserolen, die Haspen und die dem Kofferdeckel zugeschriebene Platte mit völliger Gewissheit so gedeutet werden, weiss ich nicht.

[2]) Den „Schatz des Priamos" (II Tf. 192—209) fand Schliemann 8½ Meter tief; ausserdem eine Masse Ohrringe von Gold, Silber und Elektron, silberne Armbänder, einen goldenen Fingerring, kupferne [resp. bronzene] Nägel und Werkzeuge, Steinmesser [resp. Steinwerkzeuge; man findet solche bearbeitete Diorite auch bei uns unter Antiquitäten römischer Zeit] u. s. w. in 8—16 Meter Tiefe (Schliemann, Inhaltsangabe von Bd. I, Tf. 98).

[3]) Der Goldreichthum stimmt auch mit der historischen Thatsache,

waren nach Schliemanns Erzählung [1]) — und ich habe die Sachen selbst bei ihm gesehen — 3 goldene Becher, 1 kugelrunde goldene Flasche, 60 goldene Ohrringe, 6 goldene Armbänder, 1 goldenes Stirnband, 2 schöne goldene Diademe, 6 halbmondförmige Klingen aus reinstem Silber, 1 silberner Becher und 10—11 silberne Vasen; ein Theil derselben war mit hohen Deckeln versehen, in einer stak ein grosser prächtiger Becher aus Goldsilbermischung, genannt Elektron ; eine war mit der andern in der Feuersbrunst festgeschmolzen. Ausserdem nicht weniger als 8750 kleine, künstlich gearbeitete und durchbohrte Gegenstände von Gold, wie Cylinder, ausgezackte Scheibchen, Kugeln, Prismen, Würfel, Ringe, Blätter, Doppelknöpfe; offenbar zum grössten Theile Gehänge, mit denen Haupthaar, Nacken und Kleider brillant geschmückt werden konnten. Diese Becher aus Goldsilbermischung, diese massiven goldenen Schalen und Kannen, das reiche, tausendfach gegliederte Gehänge aus kleinen und kleinsten Goldplättchen, sie finden ihre Analoga in den Goldgehängen asiatischer Priester und Priesterinnen [2]) und in den Elektronmünzen [3]) dieser Gegend. Ob der Schatz dem Priamos

dass diese Gegend zeitweise von den Lydern beherrscht wurde, Eckenbrecher, Lage des Hom. Troja, S. 14, und überhaupt mit dem Umstand, dass das Heiligthum ganz in der Nähe der lydischen Landesgrenze und sicher in vielfachem Verkehr mit Lydien sich befand.

[1]) Trojanische Alterthümer, Einleitung S. XVIII ff.

[2]) Stark in der Recension in der Jenaer Literaturzeitung 1874, S. 351, erinnert treffend an „solche Gehänge asiatischer Priestertracht, z. B. in Phrygien, vgl. O. Müller, Denkmäler alter Kunst, II Tf. 63, Nr. 817": Relief mit dem Brustbild eines phrygischen Erzpriesters der Kybele, welchem ein doppeltes gegliedertes Gehänge vom Kopfe auf Schultern und Brust herabhängt. Dennoch behalten diese uralt mysischen Goldschmucksachen ihren specifischen Charakter: von der griechischen und etrurischen Kunst unterscheiden sie sich ebensoweit wie andrerseits von den Goldschmuckwaaren der keltischen Vorzeit, von welchen Lubbock, pre-historic times, 3. edition, p. 41 f., Proben zusammenstellt.

[3]) Auch die Elektronschale weist auf frühes Alterthum. Die Elektronmünzen der Gegend, z. B. von Kalchedon, von Kebren, von Dardanos, werden der Münzperiode vor Darcios zugerechnet (Brandis, Münzwesen in Vorderasien, S. 388. 389. 390). Auch in einem alterthümlichen

gehörte, lässt sich natürlich niemals beweisen: Priamos ist überhaupt vielleicht eine mythische Figur; man sollte daher diese Etikette lieber nicht gewählt haben. Wer weiss, ob nicht die andern Recht haben, welche den Schatz einem Priester zuschreiben? Am richtigsten aber wäre vielleicht ein Mittelweg, nämlich einen Oberpriester und König in Einer Person anzunehmen und ihm den fraglichen Goldschatz zuzuweisen. Denn eine uralt heilige Stätte ist es jedenfalls gewesen, wo Schliemann nachgrub [1]). Auch die vielen steifen Idole einer Göttin mit rohester Andeutung des Gesichts, des Halsschmucks, der Haare, der Brust, oft mit halbmondartigen Ansätzen der Arme; sie sind aus Marmor, Alabaster, auch aus Thon gefertigt [2]) — auch diese stimmen überein mit ähnlichen rohen Idolen, wie sie sonst in Kleinasien und auf den Inseln gefunden werden [3]). Dazu ge-

Grabhügel bei Kertsch am Nordgestade des Schwarzen Meeres wurde ein Gegenstand aus Elektron gefunden (Lubbock, pre-historic times p. 153).

[1]) Vgl. Bursian im literarischen Centralblatt 1874 Nr. 10, S. 314 (in wesentlicher Uebereinstimmung mit M. Haug in der Beil. zur Allg. Zeit. vom 1. Febr. 1874, Nr. 32): „Wir glauben, dass auf der Fläche des Berges Hissarlik seit sehr früher Zeit sich die Cultstätte einer einheimischen Lichtgöttin befand, welche von den Griechen mit ihrer Pallas Athene identificirt und nach dem ursprünglich wahrscheinlich die ganze troische Ebene [?] bezeichnenden Namen „Ἴλιον" Ἀθηνᾶ Ἰλιάς benannt wurde. Diese Cultstätte, auf welcher sich zugleich ein zahlreiches Cultpersonal angesiedelt hatte, war zum Schutze der dort niedergelegten kostbaren Weihgeschenke gegen räuberische Angriffe benachbarter Stämme befestigt. Die Befestigungen sammt den von ihnen umschlossenen Gebäuden wurden wiederholt zerstört, aber immer, nachdem sie eine Zeit lang verödet gelegen hatten, auf den Trümmern der früheren wieder hergestellt. Aus dem Heiligthum mit seinen Annexen erwuchs allmählich eine kleine Ortschaft, welche den Namen Ἴλιον für sich speciell in Anspruch nahm; sie wurde im Laufe der Zeit hellenisirt und endlich durch Lysimachos zu einer bedeutenden und wohl befestigten Stadt erweitert."

[2]) Abgebildet z. B. auf Tf. 20 und 98 in Schliemanns Atlas der trojanischen Alterthümer.

[3]) Die trojanischen Idole stimmen mit den kyprischen Idolen und mit den auf den griechischen Inseln (vgl. E. Gerhards gesammelte Abhandlungen, Tf. XLIV, Nr. 1—4, J. Döll, die Sammlung Cesnola, Tf. XIV)

hören auch die vielen thönernen Urnen mit Frauengesichtern, die mit ihren in weitem Bogen laufenden Augenbrauen und der schnabelartig zugespitzten Nase in einigen Exemplaren vollständig wie Eulenköpfe aussehen [1]. Man findet zwar ähnliche Vasen auch über halb Europa zerstreut, auch in Süddeutschland [2]); am blühendsten scheint die Fabrikation der Gesichtsurnen vor Urzeiten in Schlesien und Pommerellen betrieben worden zu sein, wo man sie massenweise ausgräbt [3]). Es ist eben die Aehn-

---

gefundenen, welche ich in Smyrna bei Kunsthändlern und im Musée Napoléon III. im Louvre gesehen habe, so schlagend überein, dass man sie nothwendig als Götterbilder muss gelten lassen. Diese Uebereinstimmung erkennen auch Stark, Conze u. a. an. Und an welche Gottheit liesse sich bei diesen weiblichen trojanischen Idolen denken als an Athene Ilias? Stark in der Jenaer Literaturzeitung 1874, S. 350 schreibt: „Karisch-phönikischen Einfluss finden wir vor allen in dem weiblichen, sehr primitiven Idol einer Göttin, mit rohester Andeutung des Gesichts überhaupt, das als Eulengesicht zu fassen wir überwiegend nicht berechtigt sind, des Halsschmucks, der Haare, der Brüste, oft der fast mondsichelförmigen Armansätze, ... Tf. 20, Nr. 563—578, Tf. 98, Nr. 2047 ff., 126, Nr. 2560, 148, Nr. 2899, 163, Nr. 3152—3154, 187, Nr. 3420 ff. sie finden in Idolen von den griechischen Inseln, wie sie Thiersch und Ross schon mehrfach beschrieben haben, wie sie in Thon auch aus attischen Gräbern bekannt sind (Welcker zu Müllers Handb. der Archäol. § 72) ihre nächsten Verwandten. Im engen Zusammenhang damit stehen jene sicher eulengesichtigen Urnen, darunter einzelne Prachtexemplare (Tf. 191, Nr. 3483), in naher Beziehung. Bei dem Heiligthum der ilischen Athene mögen solche bis tief in die hellenistische Zeit in ihrem Typus fortgeformt worden sein." Vgl. auch die kameirischen Funde von Rhodos, archäolog. Zeitung 1869, S. 110, 1870, S. 10.
[1]) Diese Gesichtsvasen wurden von 15 Meter Tiefe (II Tf. 119) bis 2 Meter (I Tf. 32) gefunden, also, falls diese Fundbeschreibungen ganz genau sind, von der ältesten Periode bis in die hellenische Zeit hinein.
[2]) Z. B. in Oehringen im württembergischen Franken (Keller, Vicus Aurelii Tf. VII 2), bei Mainz (Lindenschmit, Alterthümer unsrer heidnischen Vorzeit I VI 6, 10), bei Castel gegenüber von Mainz (Lindenschmit a. a. O. I VI 6, 13), sonst am Rhein (Lindenschmit a. a. O. I VI 6, 7). Alle diese Exemplare scheinen der römischen Zeit anzugehören.
[3]) Vgl. Brandt in den Schriften der k. physikalisch-ökonomischen Gesellschaft zu Königsberg XIII (1872), S. 89 ff., Tf. 1—6, Lissauer, neue Beiträge zur pommerellenschen Urgeschichte Tf. I; Sitzungsbericht

lichkeit des irdenen Topfes an Grösse und Rundung mit dem menschlichen Kopfe, was den Töpfer in der Kindheit der Cultur veranlasst, seinen Nachahmungstrieb in dieser Weise zu äussern: gerade, wie jeder halbaufgeweckte Knabe von selber darauf verfallen mag, in seinen Kürbis Augen, Mund und Nasenöffnung einzuschnitzen. Hier in Troja nun können wir die Beziehung zwischen den Idolen und der Gottheit so wenig leugnen, als wiederum die Verwandtschaft dieser vogelköpfigen Urnen und der Idole. Man wird also auch diese Urnen auf die Gottheit beziehen müssen. Es bleibt vorläufig Hypothese, aber unwahrscheinlich kommt sie mir gar nicht vor, dass wir mit Schliemann in diesen Urnen nichts anderes zu sehen haben, als urälteste symbolisirende Darstellungen jener später so verfeinerten

des anthropologischen Vereins zu Danzig, 9. Juli 1874 (Correspondenzblatt der deutschen anthropologischen Gesellschaft 1874, S. 68 f.): „Herr Schück zeigte eine Abbildung der Schliemannschen Funde aus dem trojanischen Gebiet vor, unter welchen sich Gefässe von ganz gleicher Form wie die pommerellischen Gesichtsurnen und die in Schlesien gefundenen vogelförmigen Urnen vorfinden. Die Aehnlichkeit ist auffallend und verspricht die weitere Untersuchung wichtige Aufschlüsse für die vorhistorischen Verkehrswege." Die Beziehung dieser vogelköpfigen Urnen auf die Homerische Athene γλαυκῶπις wird eben durch diese anderweitigen Fünde wieder zweifelhaft. Ob auf den trojanischen sogenannten Idolen wirklich Eulenköpfe sind, ist gleichfalls höchst zweifelhaft; ganz sicher ist die zu einem Schnabel zugespitzte Nase bloss bei den Vasen, und dass diese an sich noch keine unbedingten Beweismittel sind, haben wir eben am Auftauchen gleichartiger Vasen in Gegenden gesehen, wo an eine Verehrung der Athene γλαυκῶπις nicht gedacht werden darf. Gar keine Spur von Vogelgesichtern ist aber auf dem Schatz des Priamos zu erkennen, wo dagegen die Form der Idole sich findet. Als besondere Eigenthümlichkeit der troischen Eulenvasen hebt Schliemann hervor, dass die Stelle der Arme häufig vertreten wird durch Röhren zum Aufhängen an Schnüren. Allein „auch diese Vasen sind keine der Troas eigenthümliche Erscheinung; ganz analoge Stücke sind neuerdings auf der Insel Kypros (J. Döll, die Sammlung Cesnola, Tf. XVI) und schon vor längerer Zeit in grosser Anzahl in Etrurien (G. Dennis, Städte und Begräbnisplätze Etruriens, Tf. X, Fig. 88) gefunden worden." Bursian im literar. Centralblatt 1874, Nr. 10.

Athene; vielleicht sollte ich nicht sagen, der Athene, sondern
jener urältesten phrygischen Landesgöttin Ate; und ich glaube
in der That, dass das noch bei Homer auftretende Beiwort
γλαυκῶπις ursprünglich eulengesichtig, eulenköpfig bedeutet;
aber das ist auch ebenso gewiss, dass schon Homer selbst
höchstens den Begriff eulenäugig, nicht aber eulenköpfig,
mit dem Worte γλαυκῶπις verband [1]. Auch rohe vierfüssige

---

[1]) Die beiden Prädicate γλαυκῶπις und βοῶπις sind doch zu sehr
einander entsprechend, als dass man das eine Räthsel ohne das andere
lösen möchte. Nun ist gewiss bei der Here βοῶπις der natürlichste Ge-
danke, der sich uns aufdrängt, dass es nicht sowohl kuhäugige als kuhköpfige oder kuhgesichtige Here bedeutet. Die Kuhaugen gerade der
Himmelskönigin zuzuschreiben, wäre doch eine höchst lächerliche Art,
sie zu preisen: man kann einer Frau Rehaugen, Gazellenaugen, Hirsch-,
auch Ziegen- und Gemsenaugen zuschreiben, aber die viel zu grossen,
nichts weniger als besonders einnehmenden Augen des Rindviehs ihr
anzudichten, und vollends der Gemahlin des Zeus, das bleibt doch eine
enorme Geschmacklosigkeit. Auch die oft so treu und ausdrucksvoll
blickenden Augen einer Stute könnte man sich noch gefallen lassen, aber
die Kuhaugen sind eine unleugbare Absurdität. Um so natürlicher
ist, falls wir uns auf den ältesten symbolisirenden Standpunkt roher
Religionen stellen, der Kuhkopf bei der Here, und unmöglich erscheint
es durchaus nicht, dass man bei richtigem Nachgraben auf Samos älteste
Idole der Here mit Kuhkopf und namentlich mit Kuhhörnern findet. Dort
hatte sie den Pfau mit seinem sternbesäten Schweif, das Sinnbild des
gestirnten Himmels, als heiliges Thier; gerade so gut kann die Königin
des Himmels in ältester Symbolik Kuhhörner haben als Sinnbild des
Mondes. Die Mondgöttin Artemis hat durch die gleiche Symbolik bisweilen ein Stiergesicht, schol. Sophokl. Ai. 172. — Wenn nun für Here
βοῶπις als älteste ursprüngliche Bedeutung der Begriff kuhköpfige Hera
sich ergibt, so müssen wir fragen, ob nicht der ganz parallele Ausdruck
Athene γλαυκῶπις ursprünglich die Athene mit dem Eulenkopfe bedeutet.
Und einen Wahrscheinlichkeitsbeweis hiefür scheinen die von Schliemann
ausgegrabenen eulenköpfigen Krüge zu liefern. Bursian u. a. leugnen
zwar die Eulengesichter; ich kann nur versichern, dass mir und meinen
Reisegefährten, trotzdem wir ziemlich skeptisch waren und ich z. B. damals durchaus nicht an Hissarlik-Ilion glaubte, einige der Vasen doch
vollkommen eulenköpfig vorgekommen sind. Die Zutheilung der Eule an
die griechische Athene ist überhaupt etwas sehr unnatürliches. Als
Göttin des Gewerbfleisses und Schirmerin der Städte hat sie mit Recht
den Oelbaum als heilige Pflanze und die Schlange, den allgemein ge-

Thiergestalten begegnen uns als Krüge verwendet in einigen Stücken. Schliemann selbst nennt die einen Maulwürfe, die andern Nilpferde; die unförmlichen Bestien sollen aber ohne wöhnlichen Ortsdämon, als heilges Thier. Die Zutheilung der Eule nun erklärt man (Welcker, griech. Götterl. I, 303 f.) aus einem Wortspiel zwischen γλαύξ Eule und γλαυκῶπις, und sie soll erst in nachhomerischer Zeit gleichsam aus einem Misverständnis des Beiworts γλαυκῶπις hervorgegangen sein. Diese Auffassung ist gewiss in hohem Grade gesucht, unnatürlich und unwahrscheinlich. Der unhellenische Ursprung der Eule Athene's scheint mir namentlich auch hervorzugehen aus ihrer zu Sigeion und Miletopolis — beide ganz in der Nähe Ilions — auftretenden Doppelköpfigkeit (Münzen bei Mionnet nouv. gal. myth. 16, 7. 8. Eckhel, doctr. numm. I 2, 488. 458): hierin zeigt sich doch deutlich der unhellenische und antihellenische Charakter dieses heiligen Thiers. Und es ist wohl erlaubt, an eine Parallele zu erinnern, an die ebenfalls unhellenische Zutheilung der Maus an Apollo Smintheus, die sich gleicherweise zu Troas findet. Die Maus liebt die Sonnenhitze und gedeiht somit unter den Strahlen des Phöbus Apollo. Die Eule ist zunächst nichts anderes, als der Vogel und das Symbol der Nacht: diess ist ihre natürlichste und urwüchsigste Bedeutung: von ihr werden wir ausgehen müssen. Hiemit trifft nun in sehr merkwürdiger Weise ein Moment zusammen, worin sich die ilische Athene von der gewöhnlichen hellenischen vollkommen unterscheidet: eine gewisse Münze von Ilion zeigt nemlich das troische Palladium so, dass Athene Ilias („ΑΘΗΝΑΣ I.ΙΛΑΔΟΣ" beigeschrieben), die phrygische Mütze, wie es scheint, auf dem Kopfe, in der Rechten den Speer schwingt, in der Linken eine brennende Fackel hält, und neben ihr sitzt die Eule (Mionnet, pl. 75,6., vgl. Eckhel, doctr. numm. II 484 und Gerhard, Minervenidole, Tf. IV, 11. 12.). Gleicherweise zeigt uns ein anderer Münztypus aus Ilion das Palladion mit dem Speer in der Rechten, der Fackel in der Linken: davor wird eine Kuh geopfert (oben S. 23). Hier ist mehr als jene geschraubte Wortspieltheorie: wie die Fackel die Nacht erleuchtet, so leuchten die schrecklichen Augen der Eule durch die Nacht, ihre Augen (ὅμματα) sind γλαυκότερα λέοντος καὶ τὰς νύκτας ἀστράπτοντα (wie Diodor von einem entsetzlichen Thiere sagt, III c. 55). So war denn wohl die ilische Athene oder Ate ursprünglich nichts weniger als die friedliche hellenische Göttin der Kunst und des Gewerbfleisses, hervorgegangen aus dem Kopfe des Zeus, eine Emanation der Allweisheit des höchsten Gottes. Vielmehr war es eine Göttin der Nacht und des Schreckens, auch des Schlachtengrauses und der Kriegsnoth: daher schwingt sie Speer und Fackel und hat die Eule. Die Amazone des Olymps ist sie auf asiatischem Boden geworden, wo ja auch die Amazonen herstammen. Für

Zweifel Schweine vorstellen; das Schwein war gerade in dieser Gegend vielfach den Gottheiten geweiht [1]). — Endlich stossen die Eule als Nachtvogel will ich keine Belege citiren. Als todverkündender Vogel setzte sie sich dem Pyrrhus auf den Speer, wie er gen Argos rückte (Aelian. hist. anim. X 37). Als Botin und Herold von Sterbefällen gilt sie dem Jonier Hipponax (fragm. 54). Als Todtenvögel sitzen zwei γλαῖκες rechts und links von einer Sirene, der Sängerin der Todtenklage, auf einem Grabmal (Gemälde auf einem Lekythos, Müller-Oesterley, Denkmäler alter Kunst, II 59, 751.). Auf den Vasenbildern uralten Stils (braune Figuren auf gelbem Grund) mit Thierfiguren finden wir neben andern religiös bedeutenden Thieren, Stieren, Panthern, geflügelten Sphinxen und Greifen auch die Eule (z. B. Vasensammlung König Ludwigs, Nr. 953). Auch erscheint die Eule wie ein göttliches Wesen auf einem Vasenbild urältesten Stils von einem Strahlenkranz umgeben (Stephani, Nimbus und Strahlenkranz; von Wieseler, Phaethon, S. 26, als eine Hindeutung auf den Glanz ihrer Augen aufgefasst). Auch die Odysseestelle III 372, wie Athene davongeht φήνη εἰδομένη, ist nicht ganz zu übergehen, obgleich die Bedeutung Eule für φήνη nicht sicher ermittelt ist. Die nordischen Götter ziehen Adler-, Krähen- und Falkenkleider an, wenn sie Eile haben: so zieht auch Athene bei Homer die Flügelschuhe eigens an, wenn es der Eile bedarf. Auch die Flügelschuhe des Perseus mögen ursprünglich die volle Verwandlung in den Vogel bedeutet haben (Wackernagel, ἔπεα πτερόεντα 34). — In der Homerischen Sprache ist γλαυκῶπις eulenäugig oder mit funkelnden Augen: dass der Begriff bläulich in γλαυκός gefunden wurde, scheint der nachhomerischen Sprachentwicklung anzugehören. Uebrigens halte ich die ganze hier behandelte Frage für eine offene, so lange man keine Nachgrabungen im samischen Heracon bis zu der vorgriechischen Culturschichte, die sich auch dort finden dürfte, angestellt hat. Nur die Parallele der βοῶπις πότνια "Ἡρη kann, wie Schliemann instinctiv gefühlt hat, die Lösung des Räthsels bieten. Ausserdem beachte man namentlich auch den Beinamen Ἀΐθυια „Möve" für Athene als Beschützerin der Schifffahrt in Megara.

[1]) Die eine Figur, abgebildet II Tf. 119, Nr. 2330, lässt sich, wenn man sie ohne Rücksicht auf die sonstigen Verhältnisse betrachtet, allerdings wegen ihrer Unförmlichkeit, der dicken kurzen Füsse und des breiten dicken Kopfes als ein Nilpferd erklären: so Schliemann und Frank Calvert im Athenäum 1874, 14. Nov., S. 643. Die übrigen ähnlichen Bestien mag man versucht sein, auf den ersten Anblick für Maulwürfe oder Blindmolle zu halten, so besonders Nr. 3450: allein es fehlt jeder Anhalt, um den Maulwurf für ein den Göttern geweihtes Thier anzusehen; und, was den Laien am meisten für die Deutung als Maulwurf

wir im ganzen ausgegrabenen Terrain von oben bis nach unten
besticht, der Umstand, dass die Augen des Thiers bloss durch gerade
Striche angedeutet sind, dass man von einem eigentlichen Auge keine
Spur wahrnimmt, gerade das hat gar keine Beweiskraft: denn es ist eine
Eigenthümlichkeit der ältesten griechischen Plastik, dass „die Augen
durch einen Strich bezeichnet" wurden: solche Augen heissen ὄμματα
μεμυκότα. Diese geschlossenen Augen der ältesten Plastik wurden häufig
von den Legenden behandelt und durch Frevel erklärt, welche die Gottheit nicht habe sehen wollen (K. O. Müller, Handbuch der Archäologie
der Kunst, 3. Auflage, § 68). Nr. 3380 und 2317 sind gleichfalls
maulwurfförmige Vasen: von 2330. 3330 und 3450 wird als Tiefe der
Fundstätte 7 Meter angegeben. Die allerälteste Zeit imitirte noch
nicht die Thierwelt. — Fällt somit der Hauptgrund weg, die angeblichen Maulwürfe anzuerkennen, so muss auch gegen das angebliche
Nilpferd eingewendet werden, dass die blosse Plumpheit von Kopf
und Füssen einen genügenden Beweis dafür nicht liefert. Wir finden nicht
die geringste Spur eines Zusammenhangs zwischen unsrem phrygischen
Heiligthum und Aegypten (dieser Ansicht sind auch Stark, Bursian u. a..
während Schliemann an ägyptische Einflüsse glaubt). Man könnte mir
zwar einwenden, dass die grosse Göttermutter Dindymene in dem benachbarten Kyzikos das Nilpferd als heiliges Thier gehabt habe: denn auf
einer Münze von Kyzikos findet sich das Nilpferd und eine berühmte
Statue der Dindymene daselbst hatte ein Gesicht aus Nilpferdzahn
(Marquardt, Cyzicus und sein Gebiet, S. 97). Es scheint aber, dass
diess etwas ganz Locales gewesen ist. Um eine besondere Seltenheit zu
besitzen und sich den Geruch grosser Heiligkeit und eines vorzüglichen
Gnadenbildes zu erwerben, verschafften sich die Priester der kyzikenischen
Dindymene ein Bild der Göttin, wo statt des sonst gewöhnlichen Elfen-
beins das besonders kostbare Material des Nilpferdzahns zur Darstellung
des Gesichts gewählt wurde. Nachdem nun so die Göttin von Kyzikos
und ihr Nilpferdzahngesicht hochberühmt geworden waren, setzte eine
spätere Zeit auch das Nilpferd auf die Münzen. Diess ist aber gewiss
bloss auf Kyzikos beschränkt gewesen, und von einer Verehrung des Nil-
pferds ausserhalb Aegyptens hören wir — aus guten Gründen — nicht
das mindeste: also dürfen wir um einer einzigen höchst zweifelhaften
und jedenfalls sehr rohen Thiergestalt willen eine Verehrung des Nil-
pferds in Troja nicht annehmen. Hingegen lassen sich alle fraglichen
Thiergestalten ganz einfach für Schweine erklären; die Unförmlichkeit
des Kopfes ist durch ungeschickte Darstellung des Rüssels entstanden:
auch ist zu beachten, dass die Photographien nicht nach der Natur,
sondern nach Zeichnungen gemacht sind. Ueberdiess spricht auch
Schliemann selbst (trojan. Alterth., S. 312) von einem „Gefäss in

auf eine enorme Zahl thönerner Webergewichte und Spindel-

Gestalt eines Schweines mit vier Füssen, die aber kürzer sind als der Bauch, so dass es nicht darauf hingestellt werden kann; der auf dem Rücken des Schweines angebrachte Hals des Gefässes ist durch einen Henkel mit dem Hintertheil verbunden". Bursian (Centralblatt 1874, S. 312) erwähnt Tf. 18, Nr. 537, als schweinartiges Thier mit geflecktem Fell. Was nun die unnatürlich plumpen Füsse und Köpfe dieser Schweine betrifft, so begegnen uns die ganz gleichen Misbildungen noch in späteren, viel höheren Kunstepochen. So sehen wir ein unförmlich dickköpfiges Schwein bei Panofka, Bilder antiken Lebens XIII 6, und auf einem Relief aus Eleusis eines mit sehr dicken, plumpen, kurzen Füssen (O. Müller, Denkmäler alter Kunst II, Nr. 96) u s. w. Man darf also gewiss daran keinen Anstoss nehmen. Welcher Gottheit zu Ilion nun diese Terracotten-Schweine dargebracht wurden; denn eine religiöse Beziehung wird man doch wieder annehmen müssen — das wird sich vorläufig nicht sagen lassen. Bei den Griechen wird das Schwein mit allen möglichen Gottheiten in Berührung gebracht: mit Zeus (Eberopfer für Ζεὺς ὅρκιος Pausan. V 24, 9. Ernährung des Zeuskindes durch ein Mutterschwein, Agathokles περὶ Κυζίκου bei Athen. IX p. 375), Poseidon (Homer Odyss. XI 131), Ares (Sophokles hat ihm ein Schweinsgesicht gegeben, bei Plutarch. amat. 12), Dionysos (schol. Aristoph. Frösche 341), Hermes (Aristoph. Frieden 388) Herakles (Phaedr. V 4. Diod. Sic. IV 39), Demeter (schol. Aristoph. Frösche 341, schol. Aristoph. Acharn. 755. Ovid. metam. XV 111 ff.), Hera (wenigstens als Sühnmittel für die eleischen Herapriesterinnen, Pausan. V 16, 8), Hestia (Aristoph. Wesp. 844 und schol.), Persephone (Aristoph. Frösche 341. Macrob. saturn. I c. 12), Aphrodite (Athenaeus III p. 96), Artemis (καπροφάγος genannt auf Samos, Hesych s. v.), Hekate (Propert. IV 1, 23). Für die Phryger kommt besonders noch Attis in Betracht (Ἄττις παρὰ Φρυξὶ μάλιστα τιμᾶται ὡς πρόσπολος τῆς Μητρὸς τῶν θεῶν Suidas s. v. ποιμὴν ἦν Φρὺξ ὁ Ἄττης schol. Nicand. alexiph. 9, vgl. Hermesianax bei Pausan. VII 17, 9), der von einem Eber zerfleischt und geradezu Ἧς genannt wurde (Suidas l. c.) Mit diesem ist natürlich jener Ilyas identisch, der neben Adonis unter den Heroen aufgezählt wird, die von einem Eber getödtet wurden (Hygin. fab. 248). Ausserdem war das Schwein für gewisse Kategorien des Opfers besonders beliebt oder gar nothwendig, nemlich für die Reinigungsopfer (z. B. vor der athenischen Volksversammlung, Wachsmuth, hellen. Alterthumskunde II 607. schol. Aristoph. Ach. 44) und für das Opfer bei feierlichem Vertrag (Eidschwur ἐπὶ κάπρου τομίων Pausan. IV 15, 8. V 24, 9; ebenso war das römische Fetialopfer, Hartung, röm. Religion II 270). Ich enthalte mich, eine Vermuthung darüber aufzustellen, ob diese Votivschweine zu Ilion dem Zeus, dem Apollon oder der Athene geweiht waren: das Schwein ist überhaupt ein Thier, das

steine [1]), und wir können in der ganzen Reihenfolge dieser Terracotta-Gegenstände wiederum einen deutlichen Fortschritt der Industrie beobachten. Während die rohere Zeit nur jene einfachsten Verzierungen kennt, wie wir sie an den Thongefässen gefunden haben, treffen wir späterhin unvollkommene, mehr symbolische Gestalten, bis dann die hellenische Schichte mit

gerne in religiöse und besonders in dämonische Beziehung gebracht wird, so auch von den alten Indiern, wo Rudra, der Gott der Stürme, Vater der Winde, der Menschenvertilger, zugleich der glänzende Eber des Himmels ist, der Eber also das böse Princip bedeutet, das den Menschen mit Schaden und Gefahr bedroht (Lassen, indische Alterthumskunde I 763); von den Deutschen, namentlich in der Volkssage von der Rochelmore, einem gespenstigen Mutterschwein, das oft mit fürchterlichem Grunzen die Lüfte durchziehen soll (Vernaleken, Alpensagen S. 264). Auch unter den ägyptischen Amuletten Sardiniens findet es sich häufig (Göttinger gelehrte Anzeigen, 1857, S. 1967). Specifisch semitische Culte verschmähten dieses Thier: dahin gehört es, dass das Schwein in der äsopischen Fabel (Halm Nr. 408) behauptet, Aphrodite habe es sehr gerne; keinem, der Schweinefleisch gegessen, verstatte sie Zutritt in ihren Tempel. Auch die „Halbgöttin Molpadia" im Chersones, von der wir hören: „τὸν ἀψάμινον ἢ φαγόντα ὑὸς οὐ νόμιμον προσελθεῖν πρὸς τὸ τέμενος" dürfte semitischen Ursprungs sein, Diodor. Sicul. V 63, vgl. Bochart hierozoic. I 2, 57.

[1]) Hinsichtlich der Auffassung der mysteriösen Vulkane und Carroussels, welche von Schliemann einmal sogar als Nachbildungen der Riesengrabhügel des Landes erklärt werden, vgl. Stark (Jenaer Literaturzeitung 1874, S. 350): „Das Hochinteressante an der grossen Fülle dieser ungriechischen oder specifisch troischen Funde ist zunächst die Gemeinsamkeit einer einfachen, aber bestimmten religiösen Symbolik einer weiblichen, mütterlichen, auf das Geschlechtsleben einflussreichen Gottheit, die einestheils die Eule als Symbol besitzt, mit Licht und Lampe zu thun hat, anderntheils als Weberin durch Massen von Votivgewichtsteinen der Weberei geehrt wird". Als Spindelsteine und Webergewichte erschienen uns diese Gegenstände unabhängig und vor Veröffentlichung der Starkschen Recension, als wir sie zu Athen bei Schliemann betrachteten. So ziemlich gleich ist auch die Ansicht Bursians, Centralblatt 1874, S. 312: „Spinnwirtel". Ganz sicher scheint mir allerdings die Sache nicht, aber es ist das der augenblickliche Standpunkt der Wissenschaft. Bursian stellt auch die Hypothese auf, es seien vielleicht quastenartige Verzierungen der Gewänder gewesen: dann müssten aber wohl Farbspuren nachgewiesen werden. Auch an Netzgewichte lässt sich denken.

ihren vollendeten und auch sonsther bekannten griechischen
Stempeln eintritt ¹).

Schliemann hat merkwürdigerweise auf diese Fünde das
grösste Gewicht gelegt ²) und hunderte davon abbilden lassen;
er nennt sie Carroussels und Vulkane und hat ihnen auch sehr
eigenthümliche Erklärungen angedeihen lassen, indem er auf
indische und baktrische Mythologie zurückgreift, und sein Freund

---

¹) Anfangs (in einer Tiefe von 9 oder 10 bis 5 Meter, I Tf. 10. 14. 15.)
zeigen sich bloss „lineare Ornamente, unter denen auch das sogenannte
Hakenkreuz häufig erscheint", von Burnouf und Schliemann svastika ge-
nannt und angeblich ein Beweis für die indogermanische Abkunft der
Trojaner. Echt griechische Stempel sind auf den als hellenische Schleu-
dersteine gedeuteten Terracotten: Athenekopf, Nike, Vogel, Hundskopf,
Schwein, Antilope (Stark in der Jenaer Literaturzeitung 1874, S. 350).
Zwei sichere Schleudersteine aus Stein habe ich selbst mitgebracht: einer
besteht nach H. Hofrath Fischer aus Kieselschiefer, der andere aus
Chromeisen.

²) Was diese Anticaglien betrifft, so sind die Worte Schliemanns
trojan. Alterthümer S. 149 f. sehr zu beachten: „Ich bezahle meinen
Arbeitern ein Trinkgeld . . . für jeden Gegenstand, der den geringsten
Werth für mich hat, also auch für jedes runde Stück Terracotta mit
religiösen Symbolen. Und wer sollte es glauben, ungeachtet der ungeheuren Masse derartiger vorkommender Stücke versuchen meine Arbeiter
manchmal auf den unverzierten Stücken Verzierungen zu machen, um
den Preis zu verdienen, und ist besonders die Sonne mit ihren Strahlen
der Gegenstand ihres Kunstfleisses. Ich erkenne natürlich die ge-
fälschten Symbole auf der Stelle, bestrafe auch die Fälscher immer
mit einem Abzug vom Tagelohn, aber bei dem fortwährenden Wechsel
der Arbeiter wird die Fälschung doch noch immer von Zeit zu Zeit
versucht." Sollte es möglich gewesen sein, von den schlauen Griechen
nicht getäuscht zu werden? Und warum versuchten sie immer wieder
zu teuschen, wenn sie doch bloss Schaden davon hatten? Auch von den
Goldgegenständen verstanden sie es doch vortrefflich, eine ziemliche
Partie zu unterschlagen. Höchst auffällig ist auch die wenige Zeilen
nach obigen Worten kommende Erzählung: „Gestern fand ich wieder in ...
43½ Fuss Tiefe zwischen den Steinen des alten Troja zwei Kröten,
welche davonhüpften, sobald sie sich in Freiheit sahen." Ueber solche
Fabeln sagt Pöppig, illustrirte Naturgeschichte des Thierreichs III S. 71,
nachdem er einige derselben kritisch beleuchtet hat: „Der Glaube, dass
solche Thiere Jahrtausende in feste Felsen eingeschlossen leben können,
. . . verdient mindestens den Vorwurf grosser Abgeschmacktheit."

Burnouf hat ja selbst chinesische Schrift auf ilischen Scherben gefunden[1]). Deutsche Gelehrte haben inzwischen gezeigt, dass die fraglichen Buchstaben auffallende Aehnlichkeit haben mit dem Alphabet der Insel Cypern, und der Zusammenhang beider Schriften beweist uns die Existenz einer uralten eigenthümlichen Gattung von Alphabeten, die einst über das nördliche Vorderasien verbreitet war, unabhängig und fremd gegenüber den phönikisch-griechischen Buchstaben, die sich später das Abendland erobert haben[2]). Auch diese Kenntnis verdanken wir in erster Linie der Schaufel Schliemanns.

Ja, wenn wir gerecht sein wollen, müssen wir sagen: dieser Praktiker hat in unserer Frage mehr geleistet für Wissenschaft und Wahrheit, als die meisten Gelehrten von Fach. Nur einer,

[1]) Tf. 161 Nr. 3092. 3093. Text S. L ff.

[2]) Vgl. Conze in den preussischen Jahrbüchern 1874 S. 401: „Es scheint, dass sich hier und da Schrift auf den Fundstücken befindet und zwar Schrift eines viel alterthümlicheren Alphabets, als das älteste von den Phönikern übernommene griechische, wohl sogenannte kadmeïsche. Wir kennen dieses alterthümliche Alphabet bisher sonst nur von der Insel Kypros. Erst jüngst ist es in ein ganz neues Stadium der Entzifferung geführt worden. Haug hat es dann zuerst auch auf einzelnen Fundstücken von Hissarlik erkennen wollen. Gomperz ist ihm gefolgt, welcher seine Lesungsversuche allerdings durchaus nicht mehr aufrecht erhalten will. Es muss einstweilen noch ganz dahingestellt bleiben, ob in den „kyprischen“ Schriftzeichen auf Hissarlik so, wie es unzweifelhaft auf Kypros geschah, griechische Rede niedergelegt ist [was ich für sehr unwahrscheinlich halte]. Für ein Zufallsspiel kann man aber die Uebereinstimmung eingeritzter Zeichen des kyprischen Alphabets besonders desswegen schwer halten, weil eine und dieselbe Zwischenreihe zweimal auf verschiedenen Stücken ganz einander und zugleich bestimmten kyprischen Zeichen entsprechend vorkommt. Wie sehr ausserdem ein vorkadmeisches Alphabet mit der vorhomerischen Formenwelt der Schliemannschen Funde harmoniren würde, liegt auf der Hand. Dem Archäologen muss aber noch Eins als sehr merkwürdig erscheinen. Die Insel Kypros, wo sich jene alterthümliche Schriftweise so ganz besonders lokalisirt hat, ist zugleich die allerreichste Fundgrube von Beispielen jener erwähnten uralterthümlichsten Ornamentik, die auf Hissarlik dominirt. Man darf daher hier die Frage nach einem Zusammenhang der Erscheinungen stellen.“

aber ein Riese an Wissen und Geist, steht neben ihm und
ficht für das gleiche Ziel, obwohl er schon vor Jahren ins Grab
gesunken ist: ich meine den grossen modernen Geschichtschreiber
Griechenlands, den aus einer Bremer Kaufmannsfamilie stam-
menden Grote [1]). Er allein liess sich nicht blenden von jener

---

[1]) Grote in seiner Geschichte Griechenlands, I. Band. Weniger
erschöpfend und überzeugend als Grote haben sich für Hissarlik-Ilion
ausgesprochen C. Maclaren, dissertation on the topography of the Trojan
war, Edinburgh 1822, ins Französische übersetzt 1844, und v. Eckenbrecher im Rheinischen Museum N. F. II S. 1 ff. Bedeutender sind die
zweiten Bearbeitungen dieser Schriften, nemlich: Maclaren, the plain of
Troy described, Edinburgh 1863, und die mir erst nach Abhaltung meines
Vortrags zu Gesicht gekommene Broschüre von Eckenbrechers: die Lage
des Homerischen Troja, 1875, wo aber die Ergebnisse der Schliemannschen
Ausgrabungen nicht erörtert oder berücksichtigt werden. Ebenso ersehe
ich aus dem Athenaeum 7. Nov. 1874, dass II. Frank Calvert in Tschanakkalessi, welcher uns auf unsrer Reise äusserst freundlich aufgenommmen
hat und welchem ich bei dieser Gelegenheit wie auch seinem Bruder in
Tschiflik meinen herzlichen Dank ausspreche, schon vor Jahren von
Hissarlik-Ilion überzeugt war und daselbst gelegentlich Nachgrabungen
veranstaltete. Dann hatte Professor W. Christ die Güte, mir seine
Schrift „die Topographie der trojanischen Ebene und die Homerische
Frage, München 1874" zu übersenden, worin er sich gleichfalls für Hissarlik-Ilion ausspricht. Meinen Cardinalsatz, dass die Ilias im allgemeinen, abgesehen vom XX. Buche, von Verfassern herrührt, welche den
troischen Boden nicht studiert haben, muss ich auch heute noch aufrecht
halten, nur mit der Modification, dass ich geneigt bin, auch den Haupt-
theil des folgenden Gesanges, B. XXI, vom Kampf Achills mit dem
Skamanderflusse, auszunehmen, weil mir die lebendige, ins einzelne
gehende und dabei vollkommen naturwahre Schilderung des Skamander-
flusses und seiner Ufer zu beweisen scheint, dass der betreffende Sänger
— dessen Identität mit dem Sänger der sog. echten Ilias u. a. auch
Bergk bezweifelt (griech. Literaturgeschichte I S. 634 f.) — die Gegend
mit Augen gesehen hat. Ich kann nicht glauben, dass das Lied vom
Kampf Achills mit Skamandros vom gleichen Verfasser herrühre wie der
Mauerlauf in B. XXII, was doch wohl Christ sagen will mit den Worten
(S. 227): „im Uebrigen kann ich Prof. Keller nicht beistimmen, wenn er
gerade von dem Dichter der 22. Rhapsodie, die von der Schlacht im
Flusse oder dem ersten Theile des 21. Gesanges nicht getrennt werden
kann [vgl. dagegen Bergk a. a. O.], annimmt, dass er den troischen
Boden nicht studiert habe." Diess widerspricht nicht bloss meiner,

Hypothese über Bunarbaschi, er glaubte an Hissarlik, und die
Ausgrabungen Schliemanns haben ihn glänzend gerechtfertigt.
Fassen wir die Resultate unsrer Untersuchung in zwei
Sätzen zusammen. Seit undenklichen Zeiten stand auf dem
Hügel von Hissarlik, leicht sichtbar für alle, die zum Hellespont
ein- und ausfuhren, ein angesehenes Heiligthum der phrygischen
Göttin Ate, einer Göttin, in welcher die Griechen wahrschein-

sondern auch Bergks u. a. Ueberzeugung. „Umgekehrt", fährt Christ
fort, „zeigt derselbe . . . eine sehr gute Kenntnis der ilischen Ebene
und hat nur seine Schilderungen fast märchenhaft ausgeschmückt." Ich
denke, wenn beispielsweise ein epischer Dichter die Rheinquellen nach
Strassburg verlegt, so geht das über ein märchenhaftes, doch wohl be-
wusst phantasievolles Ausschmücken, es verräth vielmehr einfach grobe
Unkenntnis der Oertlichkeit. Die Rundschau auf dem Gipfel des Ida
und den Quellenreichthum des Idagebirges (Christ S. 206) konnte auch
ein Dichter schildern, der nicht selbst den ager Trojanus „durchwandert
hatte", und die im XX. Buche angeführten Punkte Καλλικολώνη, τεῖχος
Ἡρακλῆος, Ἰαρδανίη und Βατίασος „verrathen" allerdings „sattsam den
ortskundigen Sänger", aber auch nur für das XX. Buch, nicht für die
Ilias im grossen. Dagegen wird Christ das Verdienst unangefochten
bleiben, zum erstenmal detaillirt die Homerische Frage in ihrer Beziehung
auf die Topographie Ilions erörtert und den Beweis geliefert zu haben,
dass die Ilias im allgemeinen nur ein Troja zu Hissarlik anerkennt, dass
aber die einzelnen örtlichen Verhältnisse dem einen Sänger mehr, dem
andern weniger gut bekannt waren (S. 211 f.). Darüber, dass auch die
Homerische Frage bei der Ortsbestimmung Trojas sehr in Betracht
komme, haben Hartel und ich auf unsrer Reise wiederholt gesprochen;
auch hatte ich den vorliegenden Aufsatz bereits vor der Innsbrucker
Philologenversammlung ausführlich concipirt und muss die Insinuation,
als ob ich mir unveröffentlichte fremde Gedanken angeeignet hätte, so
leid es mir thut, hiemit zurückweisen (vgl. die Schlussbemerkung Prof.
Christs a. a. O.). Endlich hat sich Professor Dr. A. Steitz in Frank-
furt, wie ich von einem Leser der Didaskalia höre, gleichfalls für Hissarlik-Ilion ausgesprochen, was bei den gründlichen Untersuchungen,
welche dieser Gelehrte unserer Frage gewidmet hat, sehr ins Gewicht
fällt. Steitz und v. Eckenbrecher kennen die troische Landschaft durch
Autopsie; die Schliemannschen Sammlungen haben sie nicht gesehen.
Seit Monaten ist keine Kundgebung mehr zu Gunsten Bunarbaschis erschienen, von der für Hissarlik stimmenden Partei aber sieht es aus, als
wollte sie sich lawinenartig vermehren.

lich um des Gleichklangs der Namen willen ihre Athene wiederzufinden glaubten. Unmittelbar um dieses Heiligthum herum bildete sich eine bedeutende, wohlhabende und für die Verhältnisse jener uralten Zeit auch grosse städtische Niederlassung, namens Ilion. Sie ward der Mittelpunkt und wohlbefestigte Herrschersitz für das nach unsrem Massstab wieder kleine, aber nach den damaligen zersplitterten Verhältnissen Kleinasiens und Griechenlands gar nicht unbedeutende trojanische Reich. Als die Griechen sich an der Küste ansiedeln wollten, befehdeten sie Ilion und zerstörten es nach langem hartnäckigem Kampfe; nur das Fürstenthum der Aeneaden hielt sich unabhängig auf seinen Felsenburgen im Ida. Ueber jenen Krieg entstanden volksthümliche Lieder, Geschichte und Mythus verschmolzen sich untereinander und es bildete sich jener herrliche poetische Stoff, der die Grundlage der Ilias geworden ist. Wenn in diesem Buche nicht alles mit den örtlichen Verhältnissen Ilions und Hissarliks stimmt, so rührt diess einmal daher, weil die Homerischen Gesänge von verschiedenen Verfassern herrühren und mancher von den letzteren, darunter vielleicht gerade der wirkliche Homer selbst, das trojanische Land bloss vom Hörensagen gekannt hat. Zweitens haben auch solche Dichter, welche mit den Oertlichkeiten recht wohl vertraut sein mochten, absichtlich von der licentia poetica Gebrauch gemacht und keineswegs sich immer der topographischen Genauigkeit beflissen, namentlich dann nicht, wann sie ins grössere, schönere malen wollten. So kümmerten sie sich bei den Schlachtbeschreibungen nicht um den zu kleinen Raum zwischen Hissarlik und dem Meere; und die untergegangene Stadt des Priamos selbst malten sie aus nach dem Bild ihrer grössten Städte, eines Smyrna, Ephesos oder Milet; in ähnlicher Weise ist auch die zehnjährige Dauer des Kriegs eine starke poetische Uebertreibung. Zieht man diese Momente ab, so bleibt in der That in der Ilias durchaus kein Grund, Ilion an einer andern Stelle zu suchen, als wohin es die Tradition aller Zeiten verlegt hat, bei Hissarlik. Und hier allein, sonst nirgends, hat man nun in neuester Zeit die Trümmer einer uralten vorgriechischen Niederlassung entdeckt, so grossartig, so massenhaft, dass wir heute im Stande sind, an der Hand dieser Alterthümer uns das alte Troja viel wahrheitsgemässer vorzustellen, als diess selbst Homer möglich war, oder vielmehr als es ihm möglich gewesen wäre, wenn er je Gewicht darauf gelegt hätte, wenn er nicht im Gegentheil nach einem gewöhnlichen Dichterbrauch die Trojaner einfach vom Standpunkte seiner Zeit und seines Volkes aus geschildert hätte: als Griechen des neunten oder zehnten Jahrhunderts vor Christus. Und doch waren sie himmelweit von diesen verschieden: sie kannten noch nicht einmal Stahl und Eisen ja selbst nicht das Töpferrad; ihre Kunstprodukte, besonders die Goldzierathen, zeigen einen durchaus unhellenischen Stil; ihre Schriftzeichen sind gleichfalls unhellenisch, und ebenso ohne allen Zweifel die darin niedergelegte, bis jetzt noch unenträthselte Sprache. Kurz, zwischen den historischen alten Trojanern und den griechischen Zeitgenossen Homers, in deren Gewand die Trojaner der Ilias auftreten, ist eine unendlich tiefe Kluft. In richtigem Instinkt hat einst die Poesie diese Kluft überdeckt, die Wissenschaft von heute aber hat die Pflicht, die historischen Verhältnisse klarzulegen, und dass sie diess vermag, ist das bleibende Verdienst von Schliemann.